Il grande libro del Shiba Inu

Vanessa Richie

Dati di Catalogazione

Vanessa Richie

Il grande libro del Shiba Inu---- Prima edizione.

Sommario: "Allevare con successo un cane Shiba Inu dal cucciolo alla vecchiaia" – Fornito dall'editore.

ISBN: 978-1-961846-77-7

[1. Shiba Inu --- Saggistica] I. Titolo.

Design di Sorin Rădulescu

Prima edizione italiana, 2025

INDICE

INTRODUZIONE

CAPITOLO 1

CAPITOLO 2

CAPITOLO 3

CAPITOLO 4

CAPITOLO 5

CAPITOLO 6

CAPITOLO 7

CAPITOLO 8

CAPITOLO 9

CAPITOLO 10

CAPITOLO 11

CAPITOLO 17

CAPITOLO 18

INTRODUZIONE

Lo Shiba Inu è una delle razze canine più facilmente riconoscibili al mondo, anche se potresti essere perdonato se lo scambiassi per una volpe addomesticata. Una delle sei razze canine originarie del Giappone, è diventata popolare dopo la fine della Seconda Guerra Mondiale, quando la razza era quasi estinta. Oggi, si trova in quasi tutti i continenti della Terra. Mentre in Giappone lo Shiba Inu è sempre rimasto una razza popolare, gran parte del resto del mondo ha imparato ad amare questa adorabile razza dal carattere molto determinato.

È considerato di taglia media, ma si colloca decisamente sul lato più piccolo di questa scala. Questo lo rende un cane fantastico per qualsiasi ambiente. Il suo mantello a doppio strato indica che preferisce climi piuttosto freddi, e perde una quantità considerevole di pelo durante i mesi più caldi. Questa è una razza abbastanza facile da toelettare, con necessità di spazzolature più frequenti durante i mesi caldi. Non avrai bisogno di lavare spesso il tuo Shiba poiché il suo mantello è resistente allo sporco.

Lo Shiba Inu è incredibilmente intelligente, risultato di migliaia di anni di lavoro con gli esseri umani. La sua propensione alla fuga significa che non puoi lasciare questo cane all'esterno da solo per nessun periodo di tempo. Inoltre, se non lo addestri adeguatamente, si annoierà. Questo si manifesta tipicamente in comportamenti distruttivi. Detto ciò, lo Shiba Inu non è una razza facile da addestrare, il che lo rende una scelta poco adatta per chi possiede un cane per la prima volta. Nonostante il suo carattere ostinato, lo Shiba Inu può essere un compagno incredibilmente affettuoso e leale per le famiglie che sanno come gestire razze intelligenti.

Questi cani sono incredibilmente veloci e sono ottimi partecipanti nelle competizioni di agilità. Sono altrettanto felici di esplorare nuovi luoghi con te, il che li rende straordinari compagni di viaggio. Sebbene non siano noti per la loro simpatia verso gli estranei, tendenzialmente non sono aggressivi. Lo Shiba Inu ha una lunga storia di caccia alle prede. Questo è il motivo per cui oggi è così agile, e significa anche che devi essere un po' più cauto quando esci all'aperto.

Considerata la loro lunghissima storia, gli Shiba Inu sono sorprendentemente sani. Non sono predisposti a molte malattie genetiche, anche se la displasia e i problemi agli occhi sono comuni nella razza. La loro aspettativa di vita è tra i 12 e i 16 anni, il che significa che se ti prendi cura bene del tuo Shiba Inu, probabilmente avrete insieme più di un decennio di compagnia.

Foto di
Rachel Deihl

CAPITOLO 1
Una delle razze asiatiche più riconoscibili

Il Giappone ha dato origine a uno dei cani più facilmente riconoscibili al mondo – lo Shiba Inu. A prima vista, potresti facilmente scam-
biarlo per una volpe, dato che ha lo stesso colore ed è più o meno della
stessa taglia. È anche incredibilmente intelligente e non ascolta chi non
ha guadagnato il suo rispetto. Questi cani fanno parte delle civiltà umane sin dal periodo Jomon.

*Foto di
Joseph Hsu
Instagram @joeshoe*

Dal periodo Jomon – Sei famose razze giapponesi

Nonostante le sue piccole dimensioni, il Giappone è l'origine di sei razze canine notevoli:

- Shiba Inu (la più piccola delle sei)
- Shikoku
- Kishu
- Kai
- Hokkaido
- Akita (la più grande delle sei)

Se fai una rapida ricerca su ciascuna di queste razze, noterai probabilmente subito che hanno tutte un aspetto simile. Quello che appare più unico è il Kai, in gran parte per il suo mantello tigrato e la coda. Nonostante queste differenze, si capisce che le sei razze provengono da un piccolo pool genetico. La differenza principale è la loro taglia, che indica il lavoro che hanno svolto nel corso dei secoli. Per esempio, il grande e ben noto Akita veniva usato per aiutare nella caccia di prede più grandi.

L'Hokkaido è considerato una delle razze canine più antiche al mondo (e certamente in Giappone). Lo Shiba Inu è stato selezionato per cacciare animali più piccoli.

Dietro il nome

A differenza di alcune altre razze giapponesi, il significato del nome Shiba Inu è meno chiaro. La seconda parte, Inu, è abbastanza semplice – è il termine giapponese per cane. Il termine Shiba, invece, potrebbe riferirsi ad almeno due diversi aspetti della storia del cane. La prima spiegazione è piuttosto semplice; shiba significa "cespuglio" in giapponese. Questo potrebbe descrivere il colore del mantello del cane (il cespuglio ha un simile colore rossastro in autunno) o essere un'indicazione dell'occupazione della razza. Per via della loro taglia, gli Shiba Inu cacciavano animali più piccoli tra gli arbusti. La seconda possibile origine della parola shiba viene dalla prefettura di Nagano in Giappone, dove il termine significa semplicemente "piccolo".

Indipendentemente da quale possa essere la vera origine del nome, entrambi sono modi accurati per descrivere questo adorabile cagnolino.

Un diligente compagno di caccia

La presenza dei cani in Giappone risale fino al 7.000 a.C., noto come periodo Jomon. Nelle Cronache del Giappone, i cani sono indicati come strumenti fondamentali per aiutare le persone a sopravvivere sull'isola. Si pensa che lo Shiba Inu si sia stabilito intorno al 300 a.C., aiutando le persone che vivevano nelle montagne e nei dintorni dell'isola.

Tra il 1603 e il 1867 d.C., il Giappone iniziò a importare cani da tutto il mondo, il che contribuì a cambiare l'aspetto e il temperamento di alcune razze. Per i successivi 50 anni, l'incrocio con altri cani e la popolarità di queste nuove razze iniziarono a mettere da parte i cani giapponesi tradizionali. Le razze giapponesi che una volta erano essenziali per l'isola subirono un forte calo numerico. Di conseguenza, alcuni giapponesi iniziarono a temere che i cani autoctoni giapponesi si sarebbero estinti, e un movimento per proteggere le sei razze iniziò a formarsi durante la prima parte del XX secolo. Il Ministero dell'Istruzione giapponese designò le diverse razze come tesori nazionali. Nonostante questo sforzo, il numero ridotto di cani vide quasi tutti loro estinguersi dopo la Seconda Guerra Mondiale.

Foto di
Inger Lise Fløtten

Il tributo della Seconda Guerra Mondiale e il salvataggio dello Shiba Inu dall'estinzione

Il tempismo dello sforzo per salvare lo Shiba Inu è forse ciò che alla fine ha contribuito a salvarli.

Prima della Seconda Guerra Mondiale, esistevano tre tipi di Shiba Inu, denominati in base alla loro specifica regione geografica:

- Mino
- Sanin
- Shinshu

Durante la guerra, molti cani furono uccisi nei bombardamenti. Molti di quelli che sopravvissero ai bombardamenti morirono a causa del cimurro, un virus altamente contagioso nei canidi. Grazie ad alcuni programmi di allevamento che erano in atto prima della guerra, i giapponesi riuscirono a salvare questo adorabile cagnolino dalla completa scomparsa. Gli allevatori setacciarono le parti più remote del Paese per trovare alcuni degli ultimi Mino e Sanin rimasti. Con troppi pochi esemplari rimasti per l'allevamento, fu meglio mescolare le tre varianti insieme per garantire che ci fossero problemi genetici minimi. Lo Shiba di oggi è il risultato di quegli sforzi di allevamento tra i vari tipi originali di Shiba Inu.

Foto di
Caitlin Rubinstein

Con molti militari americani di stanza in Giappone, iniziò a crescere l'interesse per lo Shiba Inu. Quando un militare portò a casa con sé uno Shiba Inu nel 1954, la razza iniziò ad attirare molta attenzione. Fu riconosciuta dall'Ente Nazionale della Cinofilia Italiana (ENCI) e dalla FCI. Oggi, lo Shiba è il cane più popolare in Giappone, e nel 2012 è stato nominato la 50ª razza più popolare negli Stati Uniti.

La lealtà dello Shiba Inu

Una delle ragioni per cui le persone sono disposte a sopportare un cane intelligente che ha una feroce vena indipendente è che si tratta di un cane incredibilmente leale. Sono in grado di aiutare a risolvere problemi e ti staranno accanto quando ne hai più bisogno.

La maggior parte delle persone ha sentito la storia dell'Akita che aspettava il suo umano ogni giorno alla stazione ferroviaria anni dopo la morte del suo proprietario. Gli Shiba Inu sono stati protagonisti di una storia vera più recente che dimostra che sono incredibilmente leali e affezionati alla loro famiglia. Dopo il terremoto di Yamakoshi in Giappone nel 2004, uno Shiba Inu riuscì a uscire dalle macerie. Portò i suoi cuccioli fuori dalla struttura pericolante, assicurandosi che stessero bene. Poi, andò a cercare il suo proprietario, un anziano intrappolato sotto le macerie. Lo svegliò e attirò l'attenzione sulla sua posizione mentre l'uomo lavorava per liberarsi dalle macerie. Fu poi trasportato in elicottero fuori dalla regione. Quando finalmente poté tornare un paio di settimane dopo, lo Shiba Inu e i suoi cuccioli erano riusciti a sopravvivere e rimanere in salute nonostante le circostanze tutt'altro che ideali.

CAPITOLO 2
Shiba Inu: in parte volpe, gatto e cane

Tra aspetto, temperamento e personalità, lo Shiba Inu è una combinazione unica di diversi animali. L'aspetto fisico ti fa pensare a una volpe. Il modo in cui uno Shiba Inu ti guarda con disinteresse durante l'addestramento ti ricorderà sicuramente un gatto. E quando si tratta della famiglia, uno Shiba ti amerà tanto quanto qualsiasi altro cane. Sebbene sia certamente piccolo, ha la personalità di un cane grande.

Le caratteristiche fisiche distintive dello Shiba Inu

Lo Shiba Inu è un cagnolino compatto e ben proporzionato, con un peso medio di 9 kg, dove i maschi pesano circa 10 kg e le femmine circa 8 kg. Sono alti circa 30 cm al garrese, quindi arrivano più o meno all'altezza del ginocchio nella maggior parte degli adulti.

La maggior parte di loro è di colore rossastro, anche se esistono variazioni, con alcuni esemplari neri e marroncini invece che rossi o rosso sesamo. Questo è il risultato dell'incrocio delle tre variazioni di Shiba Inu. I cani hanno un doppio mantello, che conferisce loro un aspetto lussureggiante e soffice, simile a un peluche.

Il muso dello Shiba è piccolo e rotondo, con occhi intelligenti e orecchie triangolari. Quando non stanno valutando il mondo che li circonda, i cani tendono ad avere un leggero sorriso sul viso, che spesso si trasforma in un'espressione di felicità mentre interagiscono con la loro famiglia e si divertono.

Problemi di salute comuni nello Shiba Inu

Nonostante la loro lunga storia, gli Shiba Inu sono una razza incredibilmente sana. I maggiori problemi di salute non sono pericolosi per la vita e sono trattati più in dettaglio nel Capitolo 17.

Dovrai prestare attenzione ai segni di displasia dell'anca, lussazione della rotula e a una serie di problemi agli occhi. Questa è anche una razza che tende ad avere allergie ambientali, grattandosi e mordendosi il corpo. Dai un'occhiata ai Capitoli 6 e 16 per i dettagli sulle allergie inalanti.

Alcuni Shiba Inu hanno problemi dentali, ma puoi evitarne molti facendo prevenzione con la cura dei denti (Capitolo 15).

Avvertenza sull'indipendenza – Sono intelligenti e sicuri di sé

«Gli Shiba sono indipendenti e intelligenti, testardi, tosti, attivi (con molta energia), artisti della fuga e teatrali (sia maschi che femmine).»

Susan Norris-Jones
SunJo Shiba Inu & Japanese Chin

Uno dei più grandi problemi che i proprietari di Shiba Inu affrontano è avere un cane intelligente che semplicemente non vuole ascoltare. C'è un buon motivo per cui gli Shiba Inu sono spesso paragonati ai gatti:

Foto di Brooke Steinbach

hanno una simile vena indipendente e non sono appiccicosi o interessati a essere sempre al centro dell'attenzione. Quando vogliono attenzioni, le cercheranno, ma altrimenti potrebbero non essere dell'umore giusto per giocare con te quando tu ne hai voglia.

Hanno una fiducia in sé stessi illimitata, e per una buona ragione. Con la loro rapida intelligenza, di solito riescono a valutare una situazione e capire come utilizzare al meglio ciò che hanno a disposizione per raggiungere un obiettivo.

Questa è una razza che dedica molto tempo alla pulizia personale, il che è positivo per te, ed è un altro modo in cui questi cani assomigliano ai gatti. Vogliono che il loro corpo e la loro casa siano puliti, ed è per questo che sono così facili da educare a fare i bisogni nei luoghi appropriati (e per questo possono darti una falsa impressione di quanto sia facile addestrarli).

Un cane da famiglia affettuoso e vigile

«Lo Shiba Inu ha fatto molta strada, passando dall'avere la reputazione di essere aggressivo e non adatto ai bambini, all'essere ora conosciuto come un compagno molto giocoso e affettuoso.»

Jan Hill
Dark Knight Shibas

Nonostante le loro dimensioni, gli Shiba possono essere ottimi cani da guardia. Ti basta fare una rapida ricerca video per vedere che questa non è una razza silenziosa. Hanno molti suoni e versi diversi che usano per farti sapere come si sentono.

Ciò che li rende ottimi cani da appartamento e buoni cani da guardia è che non tendono ad abbaiare a ogni rumore. Sono vigili e attenti, quindi se c'è un rumore che causa preoccupazione, te lo faranno sapere. Potrebbero anche fare rumore, incluso abbaiare, quando giocano o sono arrabbiati. Proprio come tu tendi a diventare più rumoroso quando ti senti particolarmente eccitato o arrabbiato, lo Shiba Inu può essere molto espressivo e aperto quando prova emozioni estreme.

Alcuni Shiba sembrano rispondere a tono, il che può essere incredibilmente divertente. Forse uno dei suoni più allarmanti che emettono è il loro urlo, di solito quando stanno cercando di attirare la tua attenzione per giocare.

Potrebbe essere troppo impegnativo per proprietari alle prime armi

«Lo Shiba Inu non è adatto a chi non ha esperienza con i cani. L'apparenza inganna molto!»

CJ Strehle
JADE Shiba Inu

Se stai ancora valutando se questo è il cane giusto per te, pensa a quanto facilmente ti senti frustrato quando bambini e animali non ti ascoltano. Se fai fatica a gestire la disobbedienza, probabilmente questo non è il cane giusto per te. Durante l'educazione ai bisogni scoprirai quanto sia facile per uno Shiba imparare quando vuole, il che potrebbe farti pensare che insegnare altri comandi sarà altrettanto facile. Purtroppo, non è così. Se non vuole fare qualcosa, il tuo Shiba Inu ti ignorerà. Per esempio, sebbene il tuo Shiba Inu capirà il comando di sedersi, obbedirà solo se gli va.

Gli Shiba richiedono una notevole quantità di lavoro e, sebbene valgano sicuramente il tempo e lo sforzo, le persone nuove alla cura dei

Foto di
Alayne Levine

*Foto di
Trisha Cutright*

cani hanno meno probabilità di avere successo. Questo può portare le famiglie a restituire i loro cuccioli. Quando si parla di addestrare gatti, quell'espressione potrebbe essere facilmente sostituita con addestrare Shiba Inu. Sono cani incredibilmente difficili da addestrare, il che è ancora più frustrante perché sai che possono imparare, semplicemente non vogliono. Richiedono molto lavoro all'inizio e un approccio molto fermo e coerente all'addestramento. Per alcuni, nemmeno questo sarà sufficiente perché sono semplicemente troppo indipendenti.

CAPITOLO 3
Trovare il tuo Shiba Inu

Se pensi di poter dare a uno Shiba Inu l'amore e la guida di cui ha bisogno, devi assicurarti di trovare l'allevatore giusto o sapere quali domande porre se desideri un cane adulto.

Adulto vs Cucciolo

Questa sarà la tua prossima grande decisione: quanto lavoro puoi gestire? Sarai in grado di affrontare un cucciolo eccitabile che deve ancora imparare tutto? O preferisci lavorare con un adulto che potrebbe avere problemi che dovrai aiutarlo a superare? I cuccioli richiedono quasi sempre più lavoro, ma non puoi mai sapere quali esperienze abbia vissuto un cane adulto e come queste influenzeranno il suo modo di reagire al mondo che lo circonda.

La ricerca del tuo nuovo membro della famiglia richiederà del tempo, anche se decidi di adottare un adulto. Sebbene gli Shiba Inu siano generalmente sani, ci sono alcuni problemi che possono derivare da un allevamento improprio e da cure inadeguate all'inizio della vita di uno Shiba Inu. Per assicurarti di ottenere un cucciolo sano che sarà il tuo amorevo-

Foto di Rachel Deihl

le compagno il più a lungo possibile, devi trovare un allevatore affidabile che si preoccupi più dei cuccioli che del denaro.

Considerazioni e Passi per Adottare uno Shiba Inu Adulto

L'approccio per adottare uno Shiba Inu adulto è lo stesso che si usa per adottare un cucciolo da un allevatore. Tuttavia, con un cane così intelligente e indipendente, vorrai fare molte più domande sull'adozione di un adulto, in particolare sulle esperienze precedenti del cane.

Considerazioni

Adottare qualsiasi cane comporta alcuni rischi intrinseci. Sebbene sia possibile trovare cuccioli di Shiba Inu nei rifugi per cani, è molto più probabile che troverai un adulto salvato. Adottare uno Shiba Inu più anziano potrebbe richiedere molto lavoro, e la sua storia è incredibilmente importante per sapere cosa aspettarti. Poiché possono essere molto testardi, le persone potrebbero rinunciare a uno Shiba senza impegnarsi molto. Se un cane non è stato adeguatamente addestrato a socializzare, può essere complicato introdurlo in una casa con altri animali domestici. Di solito non rappresentano un grande rischio, ma potrebbero infastidire i tuoi gatti e altri piccoli animali.

Come per qualsiasi cane adulto, ci sono alcune considerazioni che devi valutare attentamente prima di decidere di adottarne un altro. Con una razza come lo Shiba Inu, devi considerare la tua situazione attuale e il tuo livello di pazienza, oltre a ciò che desideri dal tuo nuovo compagno canino. C'è un buon motivo per cui gli Shiba Inu vengono paragonati ai gatti, il che non li renderà ideali se desideri un cane che ti segua ovunque e ascolti ogni tua parola.

Rifletti sui seguenti punti per determinare se uno Shiba Inu adulto è adatto alla tua casa.

1. **Perché vuoi portare un cane adulto a casa tua? Quali sono le tue aspettative per il cane?**

   Gli Shiba Inu sono adorabili, ma sono molto indipendenti. Potrebbero capire i comandi che stai impartendo, ma semplicemente non essere dell'umore giusto per fare ciò che dici loro. Forse è meglio pensarli come piccoli adolescenti perché hanno il loro modo di pensare e sanno cosa vogliono. Se questo non si allinea con ciò che chiedi loro, c'è una buona probabilità che non seguiranno i tuoi comandi.

2. **Hai la pazienza di affrontare i problemi che possono avere i cani adulti?**

   Le organizzazioni di soccorso raccolgono quante più informazioni

*Foto di
Vasiliki Georgopoulos*

possibili sui cani che salvano, ma la loro conoscenza della storia di un cane è solitamente molto limitata. I vantaggi di adottare uno Shiba Inu sono molto simili all'adozione di qualsiasi cane da un rifugio, ma se non sono adeguatamente addestrati potresti avere del lavoro da fare. Devi conoscere il loro temperamento per poter iniziare a pianificare come aiutare il cane a superare le esperienze passate e come risolvere i problemi. È molto probabile che non dovrai ricominciare da zero con l'addestramento alla pulizia domestica. I cani adulti sono svegli più spesso dei cuccioli e, sebbene possa volerci un po' più di tempo per abituarsi a te, puoi creare un legame molto più velocemente con un adulto, a seconda della loro età. Gli Shiba Inu adulti potrebbero essere un po' più diffidenti, specialmente se non sono stati abituati a socializzare o sono stati trattati male in precedenza, ma quella disposizione amorevole probabilmente emergerà abbastanza rapidamente una volta che inizieranno a sentirsi al sicuro e a casa. Il tuo nuovo cane potrebbe non volere le coccole da te nei primi giorni (e potrebbe non diventarne mai un amante), il che potrebbe essere un po' scoraggiante, ma dai tempo al cane e potresti essere in grado di convincerlo a essere un po' più socievole. Una volta che il tuo cane adulto crea un legame con te, sarà come attivare un interruttore di affetto, e allora non potresti davvero chiedere un canide più amorevole, leale e intelligente.

3. Sei in grado di rendere la tua casa a prova di cane prima del suo arrivo?

Non puoi semplicemente portare un cane adulto nella tua casa e lasciarlo correre senza controllo. Una cosa simile alla preparazione della casa per i cuccioli è che vorrai rendere la tua casa a prova di cane per un adottato. Dovrai avere tutto pronto prima dell'arrivo del cane. La maggior parte delle persone pensa che non sia necessario prepararsi per un cane adulto e non riesce a preparare adeguatamente la propria casa, un errore enorme quando porti a casa un artista della fuga così abile. Come per un cucciolo, avrai bisogno di uno spazio dedicato per il tuo nuovo cane per assicurarti che impari le regole prima di poter vagare per casa. Possono essere molto distruttivi quando si annoiano, quindi non vuoi che il tuo cane sia libero senza conoscere le regole della casa. Detto questo, non dovresti tenere uno Shiba Inu adulto chiuso in un trasportino per la maggior parte del tempo. All'inizio avrai bisogno di uno spazio ampio per permettere al cane di familiarizzare con te e la tua casa mentre valuti la personalità e le capacità del tuo nuovo cane. È una considerazione piuttosto importante, in particolare se hai altri cani e gatti, poiché vorrai garantire l'armonia nella tua casa.

4. Hai animali domestici che potrebbero risentire dell'introduzione di un cane alfa?

Gli Shiba Inu non sono intimiditi da cani o animali più grandi. Per loro, chiunque e tutti sono potenziali sottoposti. Vogliono essere al comando, e quindi il tuo primo compito è assicurarti che il tuo cucciolo impari che non è lui il capo. Questo può essere molto dirompente nelle case dove è già presente un cane alfa. I tuoi gatti potrebbero essere disturbati o meno dall'introduzione di uno Shiba Inu. Il Capitolo 8 tratta di come gli Shiba Inu probabilmente influenzeranno diversi animali domestici, ma devi pensarci prima di decidere di introdurre uno Shiba Inu nella tua casa.

Le buone organizzazioni di soccorso specifiche per Shiba Inu sono caute nell'adottare un cane con problemi di personalità e socializzazione (ce ne sono alcuni, compresi i cani provenienti da allevamenti intensivi e quelli che hanno avuto proprietari negligenti o abusivi prima di essere salvati). I rifugi per animali saranno meno attenti nell'adottare Shiba Inu perché sono popolari e a basso rischio per la maggior parte delle case.

Potresti non essere in grado di ottenere una cartella clinica completa per uno Shiba Inu adulto, ma è probabile che troverai un cane che è già stato sterilizzato o castrato, oltre che microchippato. A meno che tu non adotti uno Shiba Inu con problemi di salute (questi dovrebbero essere comunicati dall'organizzazione di soccorso se disponibili), gli adottati tendono a costare meno alla prima visita veterinaria rispetto ai cuccioli – per i primi anni è probabile che non spenderai tanto per prenderti cura della salute del tuo Shiba Inu. Passerai però molto più tempo ad addestrarlo e a farlo esercitare. I cuccioli hanno una breve capacità di attenzione, il che equivale a molte brevi sessioni di addestramento. Gli adulti richiedono più attenzione e durate più lunghe di addestramento in modo che si abituino ad ascoltarti. Questa attenzione dedicata è buona non solo per insegnare le regole della casa, ma anche per creare un legame con il cane.

I cani più anziani ti danno una gratificazione più immediata. Non devi passare attraverso quelle notti insonni con un nuovo cucciolo o l'infinita frustrazione che deriva dai primi tipi di addestramento. Tutti i cani intelligenti richiedono molto dello stesso tempo e attenzione dei cuccioli. Saltare quella fase è una parte importante del fascino dei cani più anziani. Tuttavia, devi essere molto più cauto poiché probabilmente impiegheranno più tempo per abituarsi alla loro nuova casa.

Infine, uno dei maggiori vantaggi di prendere un adulto (oltre a saltare l'addestramento alla pulizia domestica) è che hanno già la loro dimensione completa. Non devi indovinare o stimare la taglia che avrà il tuo cane, rendendo molto più facile ottenere l'attrezzatura e i rifornimenti giusti per cani fin dall'inizio.

Non dimenticare che anche gli allevatori potrebbero avere cani più anziani che sono disposti a dare in adozione a una famiglia amorevole. I contratti e le garanzie sono pensati tanto per proteggere i cuccioli, quanto le famiglie che li adottano. Se vuoi un adulto, considera di chiamare gli allevatori per vedere se hanno adulti disponibili. Dovrai porre loro una serie di domande diverse rispetto a quelle che faresti se stessi adottando un cucciolo, ma saranno in grado di fornirti molti dettagli sul cane, sulla sua personalità e su eventuali potenziali problemi.

Passi per Adottare uno Shiba Inu

Se sei interessato a valutare l'adozione da un'organizzazione o un gruppo di soccorso, ci sono diverse cose da tenere a mente. Questa sezione tratta le domande che dovresti porre. Se stai considerando di adottare un cucciolo da un gruppo di soccorso invece che da un allevatore, fai le stesse domande fornite in quella sezione per sapere quali domande porre prima di adottare un cucciolo.

Se ti rivolgi a un allevatore per adottare un adulto, puoi usare questa sezione per interrogarlo.

Per avere un'idea migliore dell'organizzazione di soccorso e di quanto sanno sui cani che danno in adozione, poni le seguenti domande.

- Qual è stato il motivo per cui il cane è stato ceduto?
- Il cane aveva problemi di salute quando è arrivato?
- Sanno come il cane è stato trattato dalla famiglia precedente (incluso che tipo di addestramento ha avuto il cane, se è stato maltrattato o se è stato abituato a socializzare)?
- In quante case sanno che il cane è stato?
- Che tipo di cure veterinarie ha ricevuto il cane? Hanno registrazioni da prima che il cane arrivasse sotto la loro cura?
- Il cane richiederà cure mediche extra in base a problemi noti o sospetti?
- Il cane è addestrato alla pulizia domestica?
- Come reagisce il cane agli estranei e alle passeggiate in aree familiari?
- Il cane cammina bene al guinzaglio, o sarà necessario uno speciale (come un gentle lead o una pettorina)?

- Il cane ha buone abitudini alimentari? Tende ad essere più aggressivo quando mangia?
- Come reagisce il cane ai bambini e ad altri animali domestici?
- Il cane ha restrizioni dietetiche aggiuntive note?
- L'organizzazione riprenderà il cane se vengono identificati problemi con il cane dopo l'adozione?

Gli allevatori possono essere un'ottima fonte per adottare Shiba Inu più anziani, in particolare se hai già animali domestici in casa. Poiché il cane adulto vive attualmente con altri cani, significa che ha un certo livello di socializzazione e potrebbe già sapere come evitare di cercare di essere il capo fin dall'inizio. Gli allevatori hanno anche una conoscenza più completa della storia dello Shiba Inu, il che è sempre preferibile per le razze pure.

Considerazioni per l'Adozione di un Cucciolo e la Scelta di un Allevatore

I cuccioli rappresentano un importante investimento di tempo, e un cane intelligente e ostinato come lo Shiba Inu renderà alcuni aspetti dell'allevamento di un cucciolo ancora più difficili. Ci sono alcune considerazioni che devi valutare attentamente prima di decidere di adottare un cucciolo.

Rifletti sui seguenti punti per determinare se un cucciolo di Shiba Inu è adatto alla tua casa.

1. **Quanto tempo hai a disposizione? Sei disposto a rinunciare a tutto il tuo tempo libero e a organizzare i tuoi impegni in base al tuo cucciolo?**

Una delle considerazioni più importanti è quanto tempo sei disposto a investire. Tutti i cuccioli richiedono molto lavoro, a partire dal momento in cui il cucciolo entra sotto la tua cura. Sebbene il temperamento della razza sia in gran parte prevedibile, il modo in cui addestri e abitui a socializzare il tuo cucciolo influenzerà quasi ogni aspetto della vita adulta del cane. L'addestramento e la socializzazione possono occupare una grande parte del tempo nei primi giorni, ma sono assolutamente essenziali per crescere uno Shiba Inu sano.

Vuoi anche che il cucciolo sappia che la tua casa è sicura e che tutti hanno a cuore il suo interesse. Questo può essere estenuante perché i cani hanno molta energia fin dalla tenera età. Senza un adeguato addestramento e socializzazione, potresti avere un cane troppo esuberante, distruttivo e irrispettoso dei tuoi tentativi di addestrarlo.

2. **Sei in grado di essere fermo e coerente con un cucciolo così adorabile?**

Fin dall'inizio, devi stabilire te stesso e la tua famiglia come quelli al comando in modo che il tuo Shiba Inu capisca la gerarchia dal momento in cui entra in casa tua. Potrebbe non ascoltare sempre, ma non puoi permettergli di pensare che sia lui al comando.

3. **Hai il tempo, l'energia e il budget per rendere la tua casa a prova di cucciolo?**

Il lavoro per preparare la tua casa all'arrivo del tuo cucciolo inizia molto prima che il cucciolo arrivi. Rendere la casa a prova di cucciolo è tanto impegnativo quanto renderla a prova di bambino. È essenziale rendere la tua casa a prova di cucciolo, ma devi comunque tenere costantemente d'occhio il tuo cucciolo dopo che il piccolo arriva. Se non hai il tempo di rendere la tua casa a prova di cucciolo, allora dovresti considerare di prendere un cane adulto (probabilmente dovresti anche considerare una razza diversa perché uno Shiba Inu di qualsiasi età portato in casa sarà un grande investimento di tempo). Il Capitolo 5 fornisce dettagli su cosa devi fare per preparare la tua casa.

Dal lato positivo, avrai più tempo per vivere insieme a un cucciolo che con un adulto. Avrai registrazioni sul cucciolo e sui genitori del cucciolo, rendendo più facile identificare i potenziali problemi di cui il tuo Shiba Inu potrebbe soffrire. Questo rende considerevolmente più facile garantire che il tuo cucciolo rimanga sano e individuare potenziali problemi prima.

Alcune persone trovano più facile creare un legame con i cuccioli che con i cani adulti. Un cucciolo giovane sarà nervoso in una nuova casa, ma la maggior parte di loro si adatta rapidamente perché sono predisposti a godersi la compagnia di coloro che li circondano. Il tuo compito principale sarà proteggere il tuo cucciolo e assicurarti di addestrarlo con pazienza. Tratteremo questo argomento più approfonditamente in un capitolo successivo.

Trovare un allevatore responsabile è la cosa migliore che puoi fare per il tuo cucciolo, poiché i buoni allevatori lavorano solo con genitori sani, riducendo le probabilità che un cucciolo abbia gravi problemi di salute. Prenditi sempre il tempo per fare ricerche sugli allevatori. Anche se questa è una razza che richiede più manutenzione – o almeno richiede molta pazienza e volontà di superare la testardaggine – la maggior parte delle persone che non sono disposte a dedicarci tempo non lo farà. Sebbene gli allevatori di Shiba Inu siano in gran parte affidabili, ciò non significa che non ce ne saranno alcuni più interessati a guadagnare molti soldi.

Scegliere un Allevatore

Una volta che hai capito abbastanza sulla razza da sapere cosa ti aspetta, è il momento di iniziare a parlare con gli allevatori. L'obiettivo è determinare quali allevatori sono disposti a prendersi il tempo per rispondere pazientemente e accuratamente a tutte le tue domande. Dovrebbero avere tanto amore per i loro Shiba Inu quanto vogliono che tu provi per il tuo nuovo cucciolo. E dovrebbero voler assicurarsi che i loro cuccioli vadano in buone case.

Se trovi qualcuno che pubblica regolarmente foto e informazioni sui genitori e sui progressi della gravidanza della madre e delle visite veterinarie, è un ottimo segno. I migliori allevatori non solo parleranno dei loro cani e dei piani per i genitori in futuro, ma rimarranno in contatto con te dopo che avrai portato a casa il cucciolo e risponderanno a qualsiasi domanda che sorge. Questi sono i tipi di allevatori che probabilmente hanno liste d'attesa. L'interesse attivo nel sapere cosa succede ai cuccioli in seguito dimostra che tengono molto a ogni singolo cane. Dovresti anche trovare un allevatore che sia disposto a parlare dei potenziali problemi con gli Shiba Inu. I buoni allevatori vorranno assicurarsi che la famiglia che adotta uno dei loro cuccioli sia in grado di far socializzare e addestrare adeguatamente uno Shiba Inu. Entrambe queste attività sono essenziali mentre un cucciolo matura.

È probabile che per ogni allevatore che chiami la conversazione durerà circa un'ora. Se un allevatore non ha tempo per parlare e non è disposto a parlare con te in seguito, puoi cancellarlo dalla tua lista. Dopo aver parlato con ogni possibile allevatore, confronta le risposte.

Di seguito sono riportate alcune domande da porre. Assicurati di prendere appunti accurati mentre intervisti gli allevatori:

- Chiedi se puoi far visita di persona. La risposta dovrebbe sempre essere sì, e se non lo è, non hai bisogno di chiedere altro. Ringrazia l'allevatore e riattacca. Anche se l'allevatore si trova in una regione diversa, dovrebbe permetterti di visitare la struttura.

- Chiedi informazioni sui test sanitari e le certificazioni richieste che hanno per i loro cuccioli. Questi punti sono dettagliati ulteriormente nella prossima sezione, quindi assicurati di controllare i test e le certificazioni disponibili per ogni allevatore. Se non hanno tutti i test e le certificazioni, potresti voler rimuovere l'allevatore dalla considerazione.

- Assicurati che l'allevatore si occupi sempre di tutti i requisiti sanitari iniziali nelle prime settimane fino ai primi mesi, in particolare i vaccini. I cuccioli richiedono che determinate procedure vengano eseguite prima di lasciare la madre per garantire che siano sani. Le vaccinazioni e la sverminazione in genere iniziano intorno alle sei settimane dopo la nascita dei cuccioli, poi devono essere continuate ogni tre settimane. Quando il tuo cucciolo sarà abbastanza grande per tornare a casa, dovrebbe essere ben avviato nelle procedure, o addirittura completamente attraverso le prime fasi di queste importanti esigenze di assistenza sanitaria.

- Chiedi se il cucciolo deve essere sterilizzato o castrato prima di raggiungere una certa età di maturità. In genere, queste procedure vengono eseguite nell'interesse dei cuccioli.

- Scopri se l'allevatore fa parte di un'organizzazione o gruppo di Shiba Inu.

- Chiedi informazioni sulle prime fasi della vita del tuo cucciolo, come ad esempio come l'allevatore prevede di prendersi cura del cucciolo durante quei primi mesi. Dovrebbe essere in grado di fornire molti dettagli, e dovrebbe farlo senza sembrare irritato perché vuoi sapere. Ti farà anche sapere quanto addestramento puoi aspettarti che venga fatto prima dell'arrivo del cucciolo a casa tua. È possibile che l'allevatore possa iniziare ad addestrare il cucciolo alla pulizia domestica. Chiedi quanto velocemente il cucciolo ha appreso l'addestramento. Vuoi riprendere da dove l'allevatore ha lasciato una volta che il tuo Shiba Inu raggiunge la tua casa.

- Vedi che tipo di consigli l'allevatore dà sull'allevamento del tuo cucciolo di Shiba Inu. Dovrebbe essere più che felice di aiutarti a fare ciò che è meglio per il tuo cane perché vorrà che i cuccioli vivano vite felici e sane. Dovresti anche essere in grado di fare affidamento sulle raccomandazioni, i consigli e le cure aggiuntive dell'allevatore dopo che il cucciolo arriva a casa tua. Fondamentalmente, stai ottenendo assistenza clienti, oltre a una grande possibilità di avere un cane sano.

- Quante razze gestiscono all'anno? Quante coppie di genitori hanno gli allevatori? I cuccioli possono richiedere molto tempo e attenzione, e la madre dovrebbe avere un po' di tempo di riposo tra le gravidanze. Informati sulle operazioni standard dell'allevatore per scoprire se si sta prendendo cura dei genitori e li sta trattando come preziosi membri della famiglia e non strettamente come un modo per fare soldi.

- Chiedi informazioni sull'aggressività nei genitori. Scopri anche se hanno altre razze di cani in casa. Sebbene i cuccioli siano più malleabili degli adulti, se hanno già avuto qualche esposizione ad altre razze, potrebbe essere più facile integrarli in una casa che ha già dei cani.

Contratti e Garanzie

I contratti e le garanzie degli allevatori sono pensati per proteggere i cuccioli tanto quanto sono pensati per proteggere te. Se un allevatore ha un contratto che deve essere firmato, assicurati di leggerlo completamente e di essere disposto a soddisfare tutti i requisiti prima di firmarlo. I contratti tendono ad essere abbastanza facili da capire e rispettare, ma dovresti essere a conoscenza di tutti i fatti prima di accettare qualsiasi cosa. Oltre a mettere i soldi per il cucciolo, firmare il contratto dice che sei serio su come intendi prenderti cura del cucciolo al meglio delle tue capacità soddisfacendo i requisiti minimi stabiliti dall'allevatore. Un contratto può anche dire che l'allevatore conserverà i documenti di registrazione originali del cucciolo, anche se puoi ottenere una copia dei documenti.

Quando una famiglia non rispetta l'accordo del contratto, l'allevatore è in grado di portare via il cucciolo da quella famiglia. Questi sono i cani che alcuni allevatori hanno disponibili per l'adozione.

La garanzia stabilisce quali condizioni di salute l'allevatore promette per i loro cuccioli. Questo in genere include dettagli sulla salute del cane e raccomandazioni sui prossimi passi della cura del cucciolo una volta che lascia la struttura dell'allevatore. Le garanzie possono anche fornire

Foto di
Brooke Steinbach

programmi per garantire che l'assistenza sanitaria iniziata dall'allevatore sia continuata dal nuovo genitore del cucciolo. Nel caso in cui venga riscontrato un grave problema di salute, il cucciolo dovrà essere restituito all'allevatore. Il contratto spiegherà anche cosa non è garantito. La garanzia tende ad essere molto lunga (a volte più lunga del contratto), e dovresti leggerla attentamente prima di firmarla.

I contratti per Shiba Inu di solito includono il requisito di far sterilizzare o castrare il cane una volta raggiunta la maturità (in genere sei mesi). Il contratto può anche contenere requisiti di denominazione, dettagli sulla salute e una disposizione per ciò che accadrà se non puoi più prenderti cura dell'animale (il cane di solito torna all'allevatore). Potrebbe anche includere informazioni su cosa accadrà se sei negligente o abusivo verso il tuo cane.

Test Sanitari e Certificazioni

"È importante sapere da dove viene il tuo cucciolo di Shiba. Un allevatore dovrebbe permetterti di vedere la storia dei genitori. Se non desidera condividerla con te, allora sceglierei un altro allevatore che lo farà. La displasia dell'anca è qualcosa da cercare, gli occhi, il morso, la postura, la punta e la curva delle orecchie e altro ancora."

Jan Hill
Dark Knight Shibas

Un cucciolo sano richiede genitori sani e una storia genetica sana. Un buon allevatore tiene registri estesi di ogni cucciolo e dei genitori. Esamina la storia completa di ciascun genitore per capire quali tratti il tuo cucciolo probabilmente erediterà. Presta attenzione alle capacità di apprendimento, al temperamento, all'attaccamento e a qualsiasi tratto di personalità che consideri importante. Puoi richiedere che i documenti ti vengano inviati elettronicamente o ottenerli quando visiti l'allevatore di persona.

Potrebbe volerci un po' di tempo per esaminare le informazioni dell'allevatore su ciascun genitore, ma vale sempre la pena il tempo che passi a studiare e pianificare. Più sai sui genitori, meglio sarai preparato per il tuo cucciolo.

Quando cerchi uno Shiba Inu da adottare, ci sono alcune preoccupazioni per la salute su cui dovresti chiedere informazioni agli allevatori o ai gruppi di soccorso.

I seguenti sono test sanitari a cui tutti gli allevatori dovrebbero garantire che i loro Shiba Inu si sottopongano:

- Valutazione dell'anca e del gomito – test dei cuccioli per la displasia
- Valutazione della rotula – un problema con le rotule di un cane
- Esame degli occhi da parte di un medico veterinario specializzato in oftalmologia (i risultati dovrebbero essere documentati e certificati)

Gli allevatori che si prendono il tempo di unirsi alle associazioni cinofile ufficiali riconosciute dall'ENCI (Ente Nazionale Cinofilia Italiana) dimostrano che sono seri sulla salute dei loro cuccioli. Queste organizzazioni richiedono che venga soddisfatta una serie standardizzata di requisiti, quindi l'appartenenza denota che gli allevatori che si uniscono sono affidabili e rispettabili.

Selezionare un Cucciolo da un Allevatore

"Lo Shiba che viene subito da te è probabile che sia un tipo di cane che 'testa i limiti'. Timido non è necessariamente buono però perché uno Shiba timido può diventare mordace se messo all'angolo. Osserva la vigilanza e le code alte: quelli sono segni di dominanza. Può essere buono se è quello che vuoi, ma assicurati di sapere che più dominanza mostra un cucciolo, più è probabile che testerà i suoi limiti e spingerà per vedere fino a che punto gli permetterai di andare."

Jeffrey Kellen
JAK Kennel

La selezione del tuo cucciolo dovrebbe essere fatta di persona. Tuttavia, puoi iniziare a controllare il tuo cucciolo dopo la nascita se l'allevatore è disposto a condividere video e immagini. Quando finalmente ti è permesso vedere i cuccioli di persona, considera quanto segue:

- Valuta il gruppo di cuccioli nel suo insieme. Se la maggior parte o tutti i cuccioli sono aggressivi o paurosi, questo è un'indicazione di un problema con la cucciolata o (più probabilmente) con l'allevatore. Ecco alcuni campanelli d'allarme se mostrati dalla maggioranza dei cuccioli:

- ○ Coda tra le gambe
- ○ Ritrarsi dalle persone
- ○ Piagnucolare quando le persone si avvicinano
- ○ Attacco costante alle tue mani o piedi (oltre a balzare)

- ● Nota quanto ogni cucciolo gioca con gli altri. Questo è un ottimo indicatore di quanto bene il tuo cucciolo reagirà a qualsiasi animale domestico che hai già a casa.

- ● Nota quali cuccioli ti salutano per primi e quali rimangono indietro per osservare.

- ● I cuccioli non dovrebbero essere grassi o sottopeso, il che, bisogna ammetterlo, può essere difficile da dire con i loro mantelli spessi. Una pancia gonfia è generalmente un segno di vermi o altri problemi di salute.

- ● I cuccioli dovrebbero avere gambe dritte e robuste. Le gambe divaricate possono essere un segno che c'è qualcosa che non va.

Foto di
Janice Hill
Darknight Shibas

- Esamina le orecchie del cucciolo per gli acari, che causeranno secrezione. L'interno dell'orecchio dovrebbe essere rosa, non rosso o infiammato.
- Gli occhi dovrebbero essere chiari e luminosi.
- Controlla la bocca del cucciolo per gengive rosa e dall'aspetto sano.
- Accarezza il cucciolo per controllare il suo mantello per quanto segue:
    - Assicurati che il mantello si senta spesso e pieno. Se l'allevatore ha permesso al pelo di diventare aggrovigliato o davvero sporco, è un'indicazione che probabilmente non si sta prendendo cura adeguatamente degli animali.
    - Controlla la presenza di pulci e acari passando la mano dalla testa alla coda, poi sotto la coda (le pulci sono più propense a nascondersi sotto le code della maggior parte dei cani). Gli acari possono sembrare forfora.
- Controlla il posteriore del cucciolo per rossore e piaghe e vedi se puoi controllare l'ultimo movimento intestinale per assicurarti che sia solido.

Scegli il cucciolo che mostra i tratti di personalità che desideri nel tuo cane. Se vuoi un cane estroverso, amichevole ed eccitabile, il primo cucciolo a salutarti potrebbe essere quello che cerchi. Se vuoi un cane che penserà alle cose e lascerà che gli altri ricevano più attenzione, cerca un cucciolo che si siede indietro e ti osserva prima di avvicinarsi.

CAPITOLO 4
Preparare la tua famiglia

Preparare la tua famiglia e i tuoi animali domestici all'arrivo di uno Shiba Inu probabilmente intensificherà l'eccitazione mentre ti prepari ad accogliere questo amore dall'aspetto di volpe. Inizialmente, ci sarà qualche dubbio su chi comanda, e questo può essere molto frustrante. Dovrai non solo ricordarlo a te stesso, ma assicurarti che tutti i membri della tua famiglia lo tengano a mente. Questa è solo una delle prime regole che devi stabilire prima dell'arrivo del tuo Shiba Inu.

Pianificare il budget del primo anno

Prendersi cura di un cucciolo è molto più costoso di quanto si possa pensare. Avrai bisogno di un budget, ed è un buon motivo per iniziare ad acquistare le forniture qualche mese prima. Quando acquisti gli articoli necessari, comincerai a vedere esattamente quanto spenderai al mese. Naturalmente ci sono alcuni articoli che si acquistano una sola volta, ma molti altri dovranno essere acquistati regolarmente, come cibo e snack.

*Foto di
Whitney Kono*

Inizia a fare un budget il giorno in cui decidi di prendere il tuo cucciolo. Il costo includerà la quota di adozione, che è tipicamente più alta per un cane di razza pura rispetto a un cane da salvataggio.

Il veterinario e altri costi sanitari, come le vaccinazioni regolari e un controllo annuale, dovrebbero essere inclusi nel tuo budget.

La seguente tabella può aiutarti a iniziare a pianificare il tuo budget. Tieni presente che i prezzi sono medie approssimative e possono variare significativamente in base a dove vivi.

Voce	Considerazioni	Costi Stimati
Cassa	Questo dovrebbe essere uno spazio accogliente dove il cucciolo dormirà e si riposerà.	Gabbie in metallo: Da 60 € a 350 € Gabbia portatile: Da 35 € a 200 €
Letto	Questo sarà messo nella gabbia.	10 € a 55 €
Guinzaglio	All'inizio deve essere corto perché hai bisogno di poter trattenere il tuo cucciolo dall'eccitarsi troppo e correre fino alla fine di un guinzaglio lungo.	Guinzaglio corto: 5€ a 14€ Allungabile: 7€ a 23€
Sacchetti per le passeggiate	Se passeggi nei parchi, non sarà necessario. Per chi non ha accesso quotidiano ai sacchetti, è meglio acquistare confezioni per non restare senza.	I singoli costano meno di 1 € ciascuno. Confezioni: da 4 € a 16 €
Collare	Deve adattarsi comodamente senza essere troppo largo o stretto. All'inizio può essere difficile trovare la giusta misura, e dovrai regolarlo man mano che il tuo cucciolo cresce.	€10 a €30
Etichette	Probabilmente ti verranno fornite dal tuo veterinario. Scopri quali informazioni il veterinario include sulle etichette, poi acquista quelle mancanti. Minimo, il tuo Shiba Inu dovrebbe avere etichette con il tuo indirizzo nel caso scappi.	Contatta il tuo veterinario prima di acquistare per verificare se le etichette richieste per la rabbia includono i tuoi contatti.

Cibo per cuccioli	Dipenderà se prepari tu stesso il cibo per il tuo Shiba Inu, se lo acquisti o entrambi. Più grande è il sacco, maggiore sarà il costo, ma lo acquisterai meno frequentemente. All'inizio dovrai comprare cibo specifico per cuccioli, ma smetterai dopo il secondo anno. Il cibo per cani adulti è più costoso, quindi dovrai prevedere un aumento dei costi quando il tuo cucciolo diventa adulto.	€9 a €90 per sacco
Ciotole per acqua e cibo	Queste andranno tenute nella zona assegnata al cucciolo. Se hai altri cani, avrai bisogno di ciotole separate per il cucciolo. Se il tuo cucciolo ama mordicchiare, valuta l'acquisto di una ciotola in acciaio inox.	10 € a 40 €
Spazzolino/ Dentifricio	Dovrai spazzolargli i denti regolarmente, quindi prevedi di acquistare più di uno spazzolino durante il primo anno.	2,50 € a 14 €
Spazzola	I mantelli degli Shiba Inu sono abbastanza facili da mantenere, ma dovresti comunque spazzolarli regolarmente. Quando sono cuccioli, spazzolarli è un ottimo modo per creare un legame.	3,50 € a 20 €
Giochi	Sicuramente vuoi prendere dei giochi per il tuo cucciolo, e vorrai anche giochi per i masticatori più forti, anche se il tuo cucciolo li consumerà piuttosto velocemente. Potresti voler continuare a comprare giochi per il tuo Shiba Inu anche da adulto (costo dei giochi per cani adulti non incluso).	2,00 € I pacchetti di giocattoli vanno da 10 a 20 € (più conveniente a lungo termine poiché il tuo cucciolo li rosicchierà velocemente)
Premi da addestramento	Ti serviranno fin dall'inizio e probabilmente non dovrai cambiarli in base all'età del tuo Shiba Inu; potresti però doverli variare per mantenere l'interesse del cane.	€4,50 a €15

La differenza di taglia tra il cucciolo e l'adulto non è sostanziale, quindi non avrai bisogno di due trasportini diversi o altre forniture. Tuttavia, dovrai regolare alcune delle forniture per animali domestici, come il collare.

Foto di
Pervie Villareal

Istruire i bambini

Vuoi che il tuo cucciolo si senta a suo agio fin dall'inizio, il che significa assicurarti che i tuoi bambini siano attenti e gentili con il cane, sia che tu stia pianificando di adottare un cucciolo o un adulto. Questa è una razza dall'aspetto assolutamente adorabile, e alcuni bambini potrebbero cercare di trattarli come un giocattolo o un peluche, il che potrebbe essere dannoso per il tuo cane, specialmente se prendi un cucciolo. Dovrai assicurarti che i tuoi figli seguano tutte le regole fin dall'inizio per garantire che il tuo cucciolo si senta sicuro e felice nella tua casa.

Ripassa regolarmente le seguenti regole, sia prima che dopo l'arrivo del cucciolo. Gli adolescenti più grandi probabilmente saranno in grado di aiutare con il cucciolo, ma i più giovani e i bambini non dovrebbero essere lasciati soli con il cucciolo per alcuni mesi. Ricorda che dovrai essere molto fermo per assicurarti che il cucciolo non venga ferito o spaventato.

Le seguenti sono le cinque regole d'oro che i tuoi figli dovrebbero seguire fin dalla prima interazione.

1. Sii sempre gentile e rispettoso.
2. Non disturbare il cucciolo durante i pasti.
3. L'inseguimento è un gioco da fare all'aperto.
4. Non giocare al tira e molla finché il cucciolo non è addestrato.
5. Lo Shiba Inu deve sempre rimanere saldamente a terra.
6. Tutti i tuoi oggetti di valore dovrebbero essere tenuti ben fuori dalla portata del cucciolo.

Poiché i tuoi figli chiederanno il perché, ecco le spiegazioni che puoi dare loro. Puoi semplificarle per i bambini più piccoli o iniziare un dialogo con gli adolescenti.

Sii sempre gentile e rispettoso

I cuccioli di Shiba Inu sono molto carini e coccolosi, ma sono anche più fragili di quanto il loro aspetto robusto suggerisca. In nessun momento si dovrebbe giocare in modo brusco con il cucciolo (o con qualsiasi Shiba Inu adulto). È importante essere rispettosi del tuo cucciolo per aiutarlo a imparare a essere rispettoso anche verso le persone e gli altri animali.

Questa regola deve essere applicata costantemente ogni volta che i tuoi figli giocano con il cucciolo. Sii fermo se vedi i tuoi figli diventare

Foto di
Inger Lise Fløtten

troppo eccitati o bruschi. Non vuoi che il cucciolo si ecciti troppo perché potrebbe finire per mordere qualcuno. Se lo fa, non è colpa sua perché non ha ancora imparato a comportarsi meglio – è colpa del bambino. Assicurati che i tuoi figli comprendano le possibili ripercussioni se diventano troppo bruschi.

L'ora dei pasti

Gli Shiba Inu, come quasi tutte le razze, possono essere protettivi del loro cibo, specialmente se adotti un cane che in precedenza ha dovuto cavarsela da solo. Anche se hai un cucciolo, non vuoi che si senta insicuro riguardo al suo cibo perché questo gli insegnerà ad essere aggressivo quando mangia, il che ovviamente non è giusto per il tuo Shiba Inu. Risparmia a te stesso, alla tua famiglia e al tuo Shiba Inu problemi assicurandoti che tutti sappiano che l'ora del pasto è il momento in cui il tuo Shiba Inu deve stare da solo. Allo stesso modo, insegna ai tuoi figli che anche la loro ora dei pasti è off-limits per il cucciolo. Niente cibo dalla tavola.

L'inseguimento

Assicurati che i tuoi figli capiscano perché un gioco di inseguimento va bene all'aperto (anche se dovrai monitorarlo), ma dentro casa il gioco è vietato.

Correre dentro casa dà al tuo cucciolo di Shiba Inu l'impressione che la tua casa non sia sicura perché viene inseguito. E insegna al tuo cucciolo che correre in casa va bene, il che può essere molto pericoloso man mano che il cane diventa più grande e grosso. Una delle ultime cose che vuoi è che il tuo Shiba Inu corra a tutta velocità per casa facendo cadere le persone perché era normale per lui correre in casa quando era un cucciolo.

Il tira e molla

Il tira e molla è un gioco che dovrebbe sempre aspettare finché i cuccioli di qualsiasi razza non sono addestrati ad ascoltarti. Dai giocattoli alle coperte ai cuscini, il tuo cucciolo vorrà giocare al tira e molla. Ma prima, devi stabilire cosa è un gioco e cosa non lo è. Non inviare segnali contrastanti al cucciolo. Se giochi troppo presto, incoraggerai il tuo cane a sfidarti. Con una razza testarda come lo Shiba Inu, non vuoi dare al cuc-

Foto di
Brooke Steinbach

ciolo l'idea sbagliata. È meglio aspettare che il cane sia stato adeguatamente addestrato prima di impegnarsi in questo particolare gioco.

Zampe a terra

Questa è una regola che probabilmente richiederà un bel po' di spiegazioni ai tuoi figli, poiché gli Shiba Inu sembrano molto simili a giocattoli, specialmente i cuccioli. Nessuno dovrebbe sollevare il cucciolo da terra. Potresti voler portare in giro il tuo nuovo membro della famiglia o giocare con il cucciolo come un bambino, ma tu e la tua famiglia dovrete resistere a quell'impulso. I bambini in particolare hanno difficoltà a capire poiché vedranno il cucciolo di Shiba Inu più come un giocattolo che come una creatura vivente. Più piccoli sono i tuoi figli, più difficile sarà per loro capire la differenza. È così allettante trattare lo Shiba Inu come un bambino e cercare di portarlo in braccio, ma questo è incredibilmente scomodo e malsano per il cucciolo. I bambini più grandi impareranno rapidamente che il morso di un cucciolo fa molto più male di quanto si possa pensare. Quei piccoli denti sono molto affilati, e non vuoi che il cucciolo venga lasciato cadere. Se i tuoi figli imparano a non sollevare mai il cucciolo, le cose andranno molto meglio. Ricorda, questo vale anche per te, quindi non rendere le cose difficili facendo qualcosa che dici costantemente ai tuoi figli di non fare.

Foto di
Karolina Bialkowska

Tenere gli oggetti di valore fuori portata

Foto di Sophie Riggs

Gli oggetti di valore non sono qualcosa che vuoi finisca nella bocca del cucciolo, che si tratti di giocattoli, gioielli o scarpe. I tuoi figli saranno meno che felici se i loro effetti personali vengono masticati da un cucciolo curioso, quindi insegna loro a mettere giocattoli, vestiti e altri oggetti di valore ben fuori dalla portata del cucciolo.

Preparare i tuoi cani attuali

Gli Shiba Inu tendono ad essere dominanti. Quando sono cuccioli, hai la possibilità di iniziare a socializzarli con i tuoi altri cani in modo che conoscano la gerarchia il prima possibile. Non hai bisogno di stabilire la gerarchia, ma devi assicurarti che tutti siano a loro agio e certi di dove si trovano nel branco. Questo significa che se hai già dei cani in casa, dovranno essere preparati per il nuovo arrivo.

Ecco le attività importanti da fare per preparare i tuoi animali domestici attuali al nuovo arrivo.

- Stabilisci un programma per le attività che dovrai svolgere e le persone che dovranno partecipare.
- Preserva i posti preferiti e i mobili dei tuoi cani attuali, e assicurati che i loro giocattoli e oggetti non siano nello spazio del cucciolo.
- Organizza incontri di gioco a casa tua e analizza i tuoi cani per vedere come reagiscono a un'aggiunta.

Attenersi a un programma

Ovviamente, il cucciolo riceverà molta attenzione, quindi devi fare uno sforzo concertato per far sapere al tuo cane attuale che lo ami ancora e ti prendi cura di lui. Stabilisci un orario specifico nel tuo programma solo per il tuo cane o cani attuali, e assicurati di non allontanarti da quel programma dopo l'arrivo del cucciolo.

Assicurati di pianificare di avere almeno un adulto per ogni altro cane che hai. I gatti sono generalmente meno preoccupanti, ma probabilmente vorrai avere almeno un altro adulto quando il cucciolo torna a casa. Entreremo più nei dettagli in seguito su quali saranno i ruoli degli altri adulti, ma, per ora, quando sai in quale data porterai a casa il tuo cucciolo, assicurati di avere altri adulti per aiutare. Potresti dover ricordarglielo man mano che il momento si avvicina, quindi imposta un avviso sul tuo telefono, così come la data, l'ora e le informazioni sul ritiro del tuo cucciolo.

Un vantaggio di avere un programma per i tuoi altri cani prima dell'arrivo del tuo cucciolo di Shiba Inu è che sarà poi facile mantenere un programma con il cucciolo. Gli Shiba Inu amano sapere cosa aspettarsi, almeno all'inizio. Questo potrebbe cambiare con l'età, poiché questa razza ama avere una buona dose di indipendenza, come un gatto.

Il tuo cucciolo mangerà, dormirà e trascorrerà la maggior parte del giorno e della notte nel suo spazio assegnato. Questo significa che lo spazio non può bloccare il tuo cane attuale dai suoi mobili preferiti, letto o qualsiasi posto dove riposa durante il giorno. Nessuna delle cose del tuo cane attuale dovrebbe essere in quest'area, e questo include i giocattoli. Non vuoi che il tuo cane senta che il cucciolo sta prendendo il controllo del suo territorio. Assicurati che i tuoi figli capiscano di non mettere mai le cose del tuo cane attuale nell'area del cucciolo.

Il tuo cane e il cucciolo dovranno essere tenuti separati nei primi giorni (anche se sembrano amichevoli) fino a quando il tuo cucciolo non avrà finito le vaccinazioni. I cuccioli sono più suscettibili alle malattie durante questi giorni, quindi aspetta fino a quando il cucciolo è protetto prima che i cani trascorrano del tempo insieme. Lasciare il cucciolo nello spazio del cucciolo li terrà separati durante questo periodo critico.

Aiutare il tuo cane a prepararsi – Incontri di gioco extra a casa

Ecco le cose che aiuteranno meglio a preparare il tuo cane per l'arrivo del tuo cucciolo.

- Pensa alla personalità del tuo cane per aiutarti a decidere il modo migliore per prepararti per quel primo giorno, settimana e mese. Ogni cane è unico, quindi dovrai considerare la personalità del tuo cane per determinare come andranno le cose quando arriverà il nuovo cane. Se il tuo cane attuale ama gli altri cani, questo probabilmente rimarrà vero quando arriverà il cucciolo. Se il tuo cane ha tendenze territoriali, dovrai essere cauto riguardo all'introduzione e ai primi due mesi in modo che il tuo cane attuale impari che lo Shiba Inu è ora parte del branco. I cani eccitabili avranno bisogno di un'attenzione speciale per evitare che si agitino troppo quando un nuovo cane torna a casa. Non vuoi che siano così eccitati da ferire accidentalmente il piccolo Shiba Inu.

- Considera i momenti in cui hai avuto altri cani in casa e come il tuo cane attuale ha reagito a questi altri visitatori pelosi. Se il tuo cane ha mostrato tendenze territoriali, dovresti essere particolarmente attento a come presenti il tuo nuovo cucciolo. Se non hai mai invitato un altro cane a casa tua, organizza un paio di incontri di gioco con altri cani a casa tua prima che arrivi il tuo nuovo cucciolo di Shiba Inu. Devi sapere come reagiranno i tuoi attuali amici pelosi ai nuovi cani in casa in modo da poterti preparare adeguatamente. Incontrare un cane a casa è molto diverso dall'incontrarne uno fuori casa.

- Pensa alle interazioni del tuo cane con altri cani per tutto il tempo che hai conosciuto il cucciolo. Il tuo cane ha mostrato comportamenti protettivi o possessivi, sia con te che con altri? Il cibo è una delle ragioni per cui i cani mostrano qualche tipo di aggressività perché non vogliono che nessuno cerchi di mangiare ciò che è loro. Alcuni cani possono essere protettivi anche verso le persone e i giocattoli.

Foto di
Karolina Bialkowska

Le stesse regole si applicano, non importa quanti cani hai. Pensa alle personalità di tutti loro come individui, così come a come interagiscono insieme. Proprio come le persone, potresti scoprire che quando sono insieme i tuoi cani si comportano in modo diverso, cosa che dovrai tenere a mente mentre pianifichi la loro prima introduzione.

Vedi il Capitolo 8 per pianificare l'introduzione dei tuoi cani attuali e del tuo nuovo cucciolo, e come destreggiarti tra un nuovo cucciolo e i tuoi animali domestici attuali.

Va bene con i gatti, ma non ci si può fidare con altri piccoli animali

«Gli Shiba NON sono consigliati per case con conigli, gerbilli, criceti, uccelli, ecc. - hanno un istinto predatorio molto forte.»

Susan Norris-Jones
SunJo Shiba Inu & Japanese Chin

Gli Shiba Inu sono incredibilmente intelligenti, il che significa che possono imparare chi è un membro della famiglia e chi no. Poiché i gatti hanno chiaramente un posto nella famiglia (la maggior parte degli Shiba Inu lo capirà rapidamente), la tua preoccupazione principale sarà assicurarti che il tuo Shiba Inu e i gatti vadano d'accordo. Tutti vogliono essere indipendenti, ma lo Shiba Inu vuole anche essere il capo. Potrebbero esserci alcune scaramucce all'inizio, ma la maggior parte degli Shiba Inu non è molto interessata a inseguire i gatti.

Altri tipi di animali domestici possono essere rischiosi con uno Shiba Inu. Questo è un cane che è intelligente e ha migliaia di anni di addestramento nella caccia ai piccoli animali. L'istinto non è così affinato oggi, quindi animali domestici come uccelli e pesci non corrono alcun rischio reale. Alcuni dei tipi più esotici di animali domestici, come roditori e furetti, potrebbero essere una fonte di estremo interesse per il tuo Shiba Inu nei primi giorni. Non dovrebbe volerci troppo tempo perché il tuo nuovo cane impari a ignorarli. Uscire a fare passeggiate potrebbe essere una questione diversa però. Scoiattoli e altri piccoli animali che corrono liberi all'esterno probabilmente attireranno almeno l'attenzione del tuo Shiba Inu, se non ecciteranno il desiderio di inseguire.

CAPITOLO 5
Preparare la tua casa

"Vivono per scappare dalla porta d'ingresso e possono correre molto velocemente. Assicurati di tenerli d'occhio quando la porta viene aperta."

Vicki DeBerry
DeBerry Shiba Inu

I cuccioli di Shiba Inu sono così carini perché sembrano piccole palle di pelo energiche. Questo può indurre le persone in un falso senso di sicurezza perché non si rendono conto di quanti guai possano combinare questi adorabili cuccioli, specialmente se la nuova casa non è adeguatamente preparata. Dato che i cani sono piuttosto piccoli da cuccioli, i proprietari devono fare molta attenzione a mettere in sicurezza tutto ciò in cui il cucciolo potrebbe ficcarsi, come gli armadietti. Essendo un cane

*Foto di
Brooke Steinbach*

Foto di
Jerry Simek

incredibilmente intelligente, il tuo Shiba Inu sarà curioso e cercherà di aprire armadietti, cestini bassi e altri oggetti in casa che per lui saranno facili da esplorare. Preparare la casa per un cucciolo abbastanza piccolo da infilarsi in spazi angusti – specialmente quelli che pensi siano chiusi – è una sfida unica che i proprietari di Shiba Inu devono affrontare. Questo significa dedicare del tempo a preparare la tua casa prima dell'arrivo del cucciolo.

La settimana prima dell'arrivo del tuo cucciolo, dovresti effettuare numerosi controlli per assicurarti che la tua casa sia sicura per il nuovo membro della famiglia. Garantire al tuo nuovo Shiba Inu uno spazio sicuro con tutti gli elementi essenziali (inclusi i giocattoli) renderà l'arrivo della nuova aggiunta alla famiglia un momento piacevole per tutti – specialmente per il tuo nuovo compagno a quattro zampe.

Anche se porti a casa uno Shiba Inu adulto, devi prepararti all'arrivo di un bambino incredibilmente testardo che può infilarsi in posti che non avresti considerato possibili. Gli Shiba Inu devono imparare che sei tu ad avere il controllo, il che significa che devi guadagnarti il loro rispetto prima che ti ascoltino, e anche allora potrebbero non ascoltarti sempre se non ne hanno voglia. Se il tuo cane non ha già imparato a non afferrare il cibo, a non salire sui mobili o qualsiasi altra restrizione tu abbia implementato in casa, avrai il tuo bel da fare quando si tratterà di addestrare il tuo nuovo amico. Rendere la casa a prova di cane ti aiuterà a mantenere il tuo cane al sicuro mentre impara ad ascoltarti.

Creare uno spazio sicuro per il tuo cane o cucciolo

Il tuo cucciolo avrà bisogno di uno spazio dedicato che includa un trasportino (maggiori informazioni nella prossima sezione), ciotole per cibo e acqua, tappetini assorbenti e giocattoli. Tutte queste cose dovranno trovarsi nell'area dove il cucciolo starà quando non potrai dedicargli attenzione esclusiva. Lo spazio del cucciolo dovrebbe essere sicuro e recintato in modo che il cucciolo non possa uscire, e i bambini piccoli e altri cani non possano entrare. Dovrebbe essere uno spazio sicuro dove il cucciolo possa vederti svolgere le tue normali attività e sentirsi a suo agio.

Trasportini e addestramento al trasportino

Addestrare un cucciolo di Shiba Inu al trasportino può essere più facile rispetto ad altre razze grazie alla loro intelligenza e al desiderio di pulizia. Quando sono giovani, sono più propensi ad ascoltarti, a patto che tu sia fermo e coerente. Questo significa assicurarsi che il trasportino e la cuccia del cucciolo siano già pronti prima del suo arrivo.

Foto di
Aldric Manrique

*Foto di
Brooke Steinbach*

Il trasportino del tuo Shiba Inu deve essere confortevole. Non trattare mai il trasportino come se fosse una prigione per il tuo cucciolo. Il tuo Shiba Inu non dovrebbe mai associare il trasportino alla punizione – deve essere un rifugio sicuro dopo una sovrastimolazione o quando è ora di dormire. Assicurati che il tuo cane non associ mai il trasportino a punizioni o emozioni negative. Il trasportino dovrebbe essere regolabile in modo da poterlo allargare un po' quando il tuo cucciolo diventerà adulto. Puoi anche procurare al tuo cucciolo un trasportino da viaggio nei primi giorni per rendere più facili le visite dal veterinario. Questo trasportino non funzionerà quando il tuo Shiba Inu sarà adulto (potrai semplicemente portare il tuo Shiba a piedi nell'ambulatorio del veterinario da adulto), ma il trasportino da viaggio ha spazio sufficiente per un cucciolo.

Come accennato in un capitolo precedente, puoi usare il trasportino per aiutare con l'educazione alla pulizia. Sebbene tendano ad essere facili da educare, potresti voler mettere un tappetino assorbente nell'area del cucciolo il più lontano possibile dal trasportino. Questo darà al tuo cucciolo un posto dove fare i bisogni durante il maltempo. Assicurati di chiedere all'allevatore se il cucciolo ha già iniziato l'educazione alla pulizia. Se il cucciolo sta già facendo progressi, potresti non voler aggiungere il tappetino.

Foto di
Caitlin Rubinstein

Acquistare e preparare forniture e strumenti

Pianificare l'arrivo del tuo cucciolo significa acquistare molte forniture in anticipo. La lista è più lunga di quanto la maggior parte delle persone si renda conto, quindi prenditi del tempo per pensare davvero a ciò di cui avrai bisogno in base alla tua casa e alle tue circostanze. Se inizi a fare acquisti intorno al momento in cui identifichi l'allevatore, puoi distribuire le spese su un periodo di tempo più lungo. Questo farà sembrare il tutto molto meno costoso di quanto sia in realtà. Di seguito sono elencati gli articoli consigliati che dovresti aver acquistato prima di portare a casa il tuo nuovo cane:

- Trasportino
- Cuccia
- Guinzaglio
- Sacchetti per le passeggiate
- Collare
- Targhette
- Cibo per cuccioli
- Ciotole per acqua e cibo (condividere una ciotola d'acqua di solito va bene, ma il tuo cucciolo ha bisogno della propria ciotola per il cibo se hai più cani)
- Spazzolino/Dentifricio
- Spazzola
- Giocattoli
- Premietti per l'addestramento

Parla con il tuo veterinario prima di acquistare qualsiasi medicinale, inclusi i trattamenti antipulci.

Rendere la casa a prova di cucciolo

"Tratta il tuo nuovo Shiba come un bambino piccolo. Assicurati che tutti i cavi, gli oggetti piccoli e il cibo siano tenuti lontani da loro per evitare che ci entrino in contatto o li mordano."

Jan Hill
Dark Knight Shibas

Prepararsi all'arrivo di un cucciolo richiede tempo, e tutte le stanze e gli oggetti più pericolosi della tua casa saranno altrettanto pericolosi per il tuo cucciolo come lo sarebbero per un bambino. La differenza più grande è che il tuo Shiba Inu si muoverà molto più velocemente di un bambino. Potenzialmente si metterà in situazioni pericolose quasi immediatamente se non elimini tutti i pericoli prima del suo arrivo in casa tua. L'intelligenza del tuo cucciolo significa che dovrai rendere la tua casa a prova di bambino perché uno Shiba Inu può capire come entrare nelle cose proprio come fanno i bambini piccoli.

Tieni presente che i cuccioli cercheranno di mangiare praticamente qualsiasi cosa, anche se non è cibo. Nulla è al sicuro – nemmeno i tuoi mobili. Rosicchieranno legno e metallo. Qualsiasi cosa alla loro portata è considerata legittima. Tieni presente questo mentre rendi la tua casa a prova di cucciolo.

Pericoli interni e soluzioni

Questa sezione descrive le aree all'interno della tua casa su cui dovresti concentrare la tua attenzione. In caso di problemi, tieni il numero del tuo veterinario attaccato al frigorifero e in almeno un'altra stanza della casa. Se lo prepari prima dell'arrivo del cucciolo, sarà lì se ne avrai bisogno. Anche se programmi il numero di telefono del veterinario nel tuo telefono, un altro membro della famiglia o qualcuno che si prende cura del tuo Shiba Inu potrebbe comunque averne bisogno.

Gli Shiba Inu possono entrare in quasi tutto ciò che è alla loro altezza, ed esploreranno molto quando ne avranno l'opportunità. Data l'intelligenza della razza, è meglio sovrastimare ciò che il tuo cucciolo può fare e prepararti di conseguenza. Abbassati e guarda ogni stanza dalla prospettiva del tuo Shiba Inu. È quasi garantito che troverai almeno una cosa che hai trascurato.

Pericoli	Soluzioni	Tempo Stimato
Cucina		
Veleni	Tieni in armadi sicuri e a prova di bambino o su scaffali alti	30 min
Cestini della spazzatura	Usa un cestino con chiusura o tienilo in un luogo sicuro	10 min
Elettrodomestici	Assicurati che tutti i cavi siano fuori portata	15 min
Cibo Umano	Tieni fuori portata	Costante
Pavimenti		
Superfici scivolose	Metti tappeti o stuoie speciali progettate per aderire al pavimento	30 min – 1 ora

Area di addestramento	Addestra su superfici antiscivolo	Costante
Bagni		
Spazzolone WC	Averne uno che si chiuda o tenerlo fuori portata	5 min/bagno
Veleni	Tenere in armadietti sicuri o su scaffali alti	15 - 30 min/bagno
Bagni	Tenere chiuso Non usare prodotti chimici per la pulizia automatica del wc	Costante
Armadietti	Tieni chiusi con chiusure di sicurezza per bambini	15 - 30 min/bagno
Lavanderia		
Abbigliamento	Conserva i vestiti puliti e sporchi lontano dal pavimento e fuori dalla portata	15 – 30 min
Veleni (candeggina, capsule/detergente, fogli per asciugatrice e vari veleni)	Tienili in armadietti sicuri e a prova di bambino o su scaffali alti	15 min
In casa		
Piante	Tieni lontano dal pavimento	45 min – 1 ora
Cestini	Usa un cestino con chiusura o tienilo in un luogo sicuro	30 min
Cavi elettrici, cordini delle tende	Nascondili o assicurati che siano fuori portata; presta particolare attenzione alle aree di intrattenimento e informatica	1,5 ore
Veleni	Controlla che non ci siano (WD40, detergenti per finestre/schermi, pulitori per tappeti, deodoranti per ambienti); sposta tutti i veleni in un luogo centrale e chiuso a chiave	1 ora
Finestre	Assicurati che i cordini siano fuori portata in tutte le stanze	1 – 2 ore
Caminetti	Riponi gli strumenti e i prodotti di pulizia dove il cucciolo non possa raggiungerli. Copri l'apertura del caminetto con qualcosa che il cucciolo non possa rovesciare	10 min/caminetto

Scale	Isola l'area in modo che il tuo cucciolo non possa provare a salire o scendere; verifica l'efficacia dei cancelletti per cuccioli	10 – 15 min
Tavolini da caffè/ Tavolini d'angolo/ Comodini	Libera dagli oggetti pericolosi (ad es. forbici, attrezzature da cucito, penne e matite) e dai beni di valore	30 – 45 min

Se hai un gatto, tieni la lettiera sollevata da terra. Deve essere in un posto dove il tuo gatto può facilmente accedervi ma il tuo Shiba Inu no. Poiché questo comporta insegnare al tuo gatto a usare la nuova area, è qualcosa che dovresti fare ben prima dell'arrivo del cucciolo. Non vuoi che il tuo gatto subisca troppi cambiamenti significativi tutti in una volta. Il cucciolo sarà già abbastanza dirompente – se il tuo gatto associa il cambiamento al cucciolo, potresti trovare il felino che protesta rifiutandosi di usare la lettiera.

Pericoli esterni e soluzioni

Questa sezione descrive le cose fuori dalla tua casa che richiedono la tua attenzione prima dell'arrivo del cucciolo. Affiggi anche il numero del veterinario in una delle aree riparate in caso di emergenza.

Pericoli	Soluzioni	Stima del Tempo
Garage		
Veleni	Conserva in armadietti sicuri e a prova di bambino o su scaffali alti (es. prodotti chimici per auto, detergenti, vernici, prodotti per il giardino) – incluso il fertilizzante	1 ora
Cestini della spazzatura	Tienili in un luogo sicuro	5 min
Attrezzi (es. da giardino, per auto, utensili, elettrici)	Assicurati che tutti i cavi siano fuori portata: tienili fuori portata e mai penzolanti dai bordi	30 min – 1 ora
Attrezzature (es. sportive, da pesca)	Tieni fuori portata e mai penzolanti dai bordi	Costante

Oggetti affilati	Tieni fuori portata e mai penzolanti dai bordi	30 min
Biciclette	Riponi in alto o in un luogo inaccessibile allo Shiba Inu (per evitare che il cucciolo morda le gomme)	20 min
Recinzione (Può Essere Eseguita Contemporaneamente)		
Rotture	Ripara eventuali rotture nella recinzione. Gli Shiba Inu sono maestri della fuga, quindi assicurati che non possano scappare facilmente dal tuo giardino.	30 min - 1 ora
Spazi	Riempi eventuali spazi, anche se intenzionali, per evitare che il tuo Shiba Inu scappi	30 min - 1 ora
Buchi/Affossamenti alla Base	Riempi qualsiasi area sotto cui si possa facilmente strisciare	1 – 2 ore
Giardino		
Veleni	Non lasciare veleni nel giardino	1 – 2 ore
Piante	Verifica che le piante basse non siano tossiche per i cani; recinta quelle pericolose (come le viti)	45 min – 1 ora
Attrezzi (es. attrezzi per il giardinaggio e la manutenzione del prato)	Assicurati che siano fuori dalla portata; Controlla che nulla sia sospeso sui tavoli all'aperto	30 min – 1 ora

Non lasciare mai il tuo Shiba Inu da solo nel garage, nemmeno quando sarà adulto. È probabile che il tuo cucciolo si trovi nel garage quando fai viaggi in auto, ecco perché è importante renderlo a prova di cucciolo. Dovresti sempre tenere d'occhio il cane, ma ovviamente non puoi infilarti sotto l'auto e avrai difficoltà a entrare in spazi più piccoli se il tuo Shiba Inu scappa per esplorare.

Gli Shiba Inu sono artisti della fuga e troveranno molti modi nuovi e ingegnosi per uscire. Non renderglielo facile; occupati di tutte le rotture, gli spazi e i danni alla recinzione in modo che il tuo cane non possa creare aperture abbastanza grandi per uscire dal tuo giardino.

Proprio come per l'interno, dovrai seguire i tuoi preparativi esterni abbassandoti e controllando tutte le aree dalla prospettiva di un cucciolo. Anche in questo caso, è praticamente garantito che troverai almeno una cosa che hai trascurato.

CAPITOLO 6
Pianificare la salute del tuo Shiba Inu

Da quando la razza è stata salvata dall'estinzione, si è prestata molta più attenzione per garantire che lo Shiba Inu non soffra di molte malattie genetiche. Tuttavia, anche il modo in cui allevi il tuo cucciolo o adulto influisce notevolmente sulla sua salute. Si raccomanda almeno una passeggiata di mezz'ora al giorno, ma questa è una razza che può fare esercizio per più di un'ora se sei un appassionato di attività all'aperto. Se preferisci stare a casa e rilassarti, una passeggiata di 30 minuti una volta al giorno è sufficiente. I Capitoli 16 e 17 forniscono dettagli sui problemi genetici e sulle preoccupazioni generali per la salute dello Shiba Inu di qualsiasi età.

Scegliere il tuo veterinario

Inizia a cercare un veterinario per il tuo Shiba Inu ancora prima di scegliere un allevatore. Dovresti aver già scelto il tuo veterinario prima di portare il cane a casa. Che tu prenda un cucciolo o un adulto, dovresti portare il tuo amico a quattro zampe dal veterinario entro 48 ore (24 ore è fortemente consigliato) dal suo arrivo per assicurarti che sia in buona salute. Se c'è un veterinario vicino a te che si è specializzato o ha lavorato con diversi Shiba Inu, sarà la scelta migliore per il tuo cane. Considerando la personalità dello Shiba Inu, vorrai un veterinario che sappia come gestire un cane testardo. Ottenere un appuntamento con un veterinario può richiedere tempo, specialmente con uno specializzato in una particolare razza, proprio come per un appuntamento dal medico. Devi prenotare il tuo veterinario e il primo appuntamento con largo anticipo rispetto all'arrivo del tuo cane.

Ecco alcune cose da considerare quando cerchi un veterinario:

- Qual è il livello di familiarità con lo Shiba Inu? Il veterinario non deve essere uno specialista, ma se puoi trovare qualcuno con esperienza con questa razza, potrà aiutarti a sapere cosa aspettarti nelle diverse fasi della vita del tuo cane. Con razze testarde e indipendenti come lo Shiba Inu, che non sempre vogliono fare ciò che viene loro detto, l'appuntamento può richiedere più tempo. Se riesci a trovare un veterinario che sa come persuadere il tuo Shiba Inu ad ascoltare, sarà un'esperienza decisamente migliore per tutti.

- Quanto è distante il veterinario da casa tua? Non vorrai che il veterinario sia a più di 30 minuti di distanza in caso di emergenza.

- Il veterinario è disponibile per emergenze fuori orario o può consigliarti un altro veterinario in caso di emergenza?

Foto di
Ashley Antill

Foto di
Rachel Deihl

- Il veterinario fa parte di una clinica veterinaria locale in caso di necessità, o indirizza i pazienti a un ospedale per animali della zona?

- Il veterinario è l'unico o uno di diversi soci? Se fa parte di un'associazione, puoi rimanere con un solo veterinario per le visite ambulatoriali?

- Come vengono prenotati gli appuntamenti?

- Puoi usufruire di altri servizi, come la toelettatura e il pensionamento?

- Il veterinario è accreditato?

- Quali sono i prezzi per la visita iniziale e i costi normali, come per i vaccini e le visite regolari?

- Quali test e controlli vengono eseguiti durante la visita iniziale?

Prenditi il tempo di andare dal veterinario che stai considerando in modo da poter vedere com'è l'ambiente all'interno dello studio. Verifica se puoi parlare con il veterinario per vedere se è disposto a metterti a tuo agio e rispondere alle tue domande. Il tempo di un veterinario è prezioso, ma dovrebbe avere qualche minuto per aiutarti a sentirti sicuro che sia la scelta giusta per prendersi cura del tuo cane.

Alimenti pericolosi

I cani possono mangiare carne cruda senza doversi preoccupare del tipo di problemi che una persona incontrerebbe. Tuttavia, ci sono alcuni alimenti umani che potrebbero essere fatali per il tuo Shiba Inu. Dovresti tenere questi cibi lontani da tutti i cani:

- Semi di mela
- Cioccolato
- Caffè
- Ossa cotte (possono uccidere un cane quando si scheggiamo nella bocca o nello stomaco)
- Pannocchia di mais (il tutolo è mortale per i cani; i chicchi di mais sono invece innocui)
- Uva/uvetta
- Noci macadamia
- Cipolle ed erba cipollina
- Pesche, cachi e prugne
- Tabacco (il tuo Shiba Inu non saprà che non è un cibo e potrebbe mangiarlo se lasciato in giro)
- Xilitolo (un sostituto dello zucchero in caramelle e prodotti da forno)
- Lievito

Oltre a questi alimenti potenzialmente mortali, c'è un lungo elenco di cose che il tuo cane non dovrebbe mangiare. Il Canine Journal ha una lunga lista di alimenti (http://www.caninejournal.com/foods-not-to-feed-dog/) che dovrebbero essere evitati.

Foto di
Sandy Li

Un cane sano, con allergie

Il Capitolo 16 entra più nei dettagli sulle allergie dello Shiba Inu, ma questo è sicuramente un problema che dovresti monitorare nel tuo Shiba Inu durante la crescita. Poiché questa è una razza che ha un elenco di allergie note, dovrai assicurarti di essere consapevole di quando il tuo cane manifesta allergie. Dagli alimenti con grano o pollo alle erbe e ai detersivi, gli Shiba Inu possono essere allergici a quasi tante cose quanto le persone. A differenza delle persone, i cani tendono a grattarsi quando hanno allergie; invece di occhi pruriginosi e naso che cola, i cani tendono a grattarsi su tutto il corpo. Anche se questo sembra più sintomatico di eruzioni cutanee, la pelle dei cani tende a essere il modo in cui manifestano la maggior parte dei tipi di allergie, comprese quelle da inalazione. Questo può rendere più difficile determinare qual è il problema, poiché il prurito è sintomatico di molti possibili disturbi. Se noti che il tuo cucciolo o il tuo nuovo Shiba Inu si gratta frequentemente, portalo dal veterinario per vedere cosa c'è che non va, tenendo presente che le allergie sono un potenziale problema. Fortunatamente, sono facili da trattare, come viene spiegato in un capitolo successivo.

CAPITOLO 7
Portare a casa il tuo Shiba Inu

Quella prima volta che varchi la porta di casa con il tuo Shiba Inu è una sensazione che ricorderai anche dopo anni. Ogni cane si adatta in modo diverso, ma è sempre interessante vedere come questa particolare razza reagisce a un nuovo ambiente. L'intelligenza naturale dello Shiba Inu renderà il tuo cucciolo più propenso alla curiosità, anche se nel caso di un cane adulto adottato, l'esplorazione sarà probabilmente più cauta. Assicurati di leggere il Capitolo 8 su come introdurre il tuo cane adulto in una casa con altri animali. Sebbene gli Shiba Inu non tendano ad essere aggressivi, le prime interazioni potrebbero essere tese poiché il tuo nuovo cane vorrà essere il capobranco.

Preparativi finali e pianificazione

La maggior parte delle razze intelligenti richiede una presenza costante durante la prima settimana e, possibilmente, per gran parte del primo mese. Per fare questo, potresti dover prendere dei giorni di ferie dal lavoro o negoziare la possibilità di lavorare da casa almeno durante le prime 24 ore, se non le prime 48. Più tempo potrai dedicare ad aiu-

Foto di Alayne Levine

65

Foto di
Brooke Steinbach

tare il tuo nuovo amico ad abituarsi al nuovo ambiente nei primi giorni, meglio sarà per il tuo nuovo membro della famiglia e più rapidamente si sentirà a suo agio nel suo nuovo ambiente.

Di seguito trovi alcune utili liste di controllo per aiutarti nella preparazione all'arrivo del tuo cucciolo e nei giorni successivi al suo arrivo a casa.

Assicurarsi di avere cibo e altri accessori a portata di mano

Fai un rapido controllo per assicurarti di avere tutto ciò di cui hai bisogno. Se hai creato una lista basata sulle forniture di base del Capitolo 5, tirala fuori il giorno prima dell'arrivo del tuo Shiba Inu e assicurati di avere tutto ciò che vi è elencato. Prenditi qualche momento per considerare se manca qualcosa. Questo ti eviterà di dover correre fuori di casa dopo l'arrivo del nuovo membro della famiglia.

Progettare un programma provvisorio per il cucciolo

Prepara un programma provvisorio per aiutarti a iniziare nel corso della settimana. Le tue giornate stanno per diventare molto impegnative, quindi hai bisogno di un punto di partenza prima che il tuo cucciolo arrivi. Usa le informazioni dalla sezione "Stabilire un programma" per iniziare, ma assicurati di farlo il prima possibile. Ecco le tre aree importanti da stabilire per il programma del tuo cucciolo:

- Alimentazione
- Addestramento (compreso quello per i bisogni)
- Gioco

Quando porti a casa un cucciolo, potresti aspettarti l'alta energia che vedrai quando il tuo Shiba Inu sarà adulto. Tuttavia, i cuccioli di qualsiasi razza (indipendentemente da quanto saranno attivi in seguito) hanno bisogno di molto sonno. Aspettati che il tuo cucciolo dorma tra le 18 e le 20 ore al giorno. Avere un programma di sonno prevedibile aiuterà il tuo cucciolo a crescere più sano.

All'inizio, il tuo Shiba Inu non sarà molto energico, quindi non dovrai preoccuparti di assicurarti che sia stanco alla fine della giornata. La sua resistenza aumenterà abbastanza rapidamente, quindi entro la fine del primo anno, il tuo cucciolo sarà molto più attivo. Una delle cose migliori di questa razza è che tende ad avere livelli di energia appropriati alla situazione, quindi non sarai così pressato a stancare il tuo Shiba Inu come lo saresti con un Beagle o un Jack Russell Terrier. Dovrai comunque assicurarti che faccia abbastanza esercizio in base all'apporto calorico, ma al di là di questo, il tuo Shiba Inu probabilmente adotterà un livello di energia che si adatta al tuo stile di vita.

Nei primi giorni, il programma del tuo cucciolo ruoterà principalmente intorno al sonno e all'alimentazione, con passeggiate e socializzazione. Le ore di veglia includeranno addestramento e gioco.

Fare un'ultima ispezione per la sicurezza del cucciolo prima del suo arrivo

Non importa quanto tu sia impegnato o quanto attentamente tu abbia seguito le liste di controllo per la sicurezza del cucciolo dal capitolo precedente, devi comunque prenderti il tempo per ispezionare la tua casa un'ultima volta prima dell'arrivo del cucciolo. Dedica un'ora o due per completare questo controllo uno o due giorni prima dell'arrivo del cucciolo.

Incontro iniziale

Organizza un incontro con tutti i membri della famiglia per assicurarti che tutte le regole discusse nel Capitolo 4 siano ricordate e comprese prima che il cucciolo diventi una distrazione. Questo include come maneggiare il cucciolo. Determina chi sarà responsabile della cura primaria del cucciolo, incluso chi sarà l'addestratore principale. Per aiutare i bambini più piccoli a imparare il senso di responsabilità, un genitore può collaborare con un bambino per gestire la cura del cucciolo. Il bambino sarà responsabile di cose come tenere piena la ciotola dell'acqua e nutrire il cucciolo, mentre un genitore supervisiona i compiti.

Ritirare il tuo cucciolo o cane e il viaggio verso casa

Ritirare il tuo cucciolo richiede una buona dose di pianificazione e preparazione, specialmente se vai a casa dell'allevatore per prenderlo. Se possibile, pianifica di prendere il tuo cucciolo durante un weekend o all'inizio di una vacanza, così potrai trascorrere del tempo a casa con lui senza fretta. Questa sezione copre la preparazione e il viaggio effettivo, ma non cosa fare se hai altri cani che devi presentare (Capitolo 8). Se non hai altri cani, puoi prendere il tuo cucciolo e andare direttamente a casa. Non fermarti da nessuna parte dopo aver preso il cucciolo. Se hai un viaggio lungo (più di un paio d'ore), programma delle pause ogni poche ore per dare al tuo cucciolo la possibilità di stiracchiarsi, fare esercizio, bere e fare i bisogni. Non lasciare mai il cucciolo da solo in macchina per nessun periodo di tempo. Se devi usare il bagno, almeno un adulto deve rimanere con il cucciolo durante ogni sosta.

Per quanto sia allettante coccolare il tuo cucciolo e cercare di rendere il viaggio verso casa confortevole, usare un trasportino per il viaggio è sia più sicuro che più comodo per il cucciolo.

Prima di lasciare casa tua, assicurati di avere tutto ciò di cui hai bisogno già pronto.

- Il trasportino dovrebbe essere ancorato in auto per sicurezza e includere un cuscino all'interno. Se hai un viaggio lungo, porta cibo e acqua e pianifica di fermarti per darli al cucciolo durante il viaggio. Non metterli nel trasportino poiché non saranno ancorati, e l'acqua che si agita può spaventare il tuo cucciolo. Puoi rivestire il fondo con un asciugamano o un tappetino assorbente in caso di incidenti.

- Chiama l'allevatore per assicurarti che tutto sia ancora in programma e verifica che il cucciolo sia pronto.

- Chiedi, se non l'hai già fatto, se puoi ottenere una coperta con l'odore della madre per aiutare a rendere più confortevole la transizione del cucciolo.

- Assicurati che l'altro adulto ricordi e sia puntuale per recarsi al luogo di ritiro.

- Se hai altri cani, assicurati che tutti gli adulti coinvolti sappiano cosa fare, l'orario e dove andare per quel primo incontro in territorio neutro.

Due adulti dovrebbero essere presenti al primo viaggio. Chiedi all'allevatore se il cucciolo è già stato in auto prima e, in caso contrario, è particolarmente importante avere qualcuno che possa dare attenzione al cucciolo mentre l'altra persona guida. Il cucciolo sarà nel trasportino, ma qualcuno può comunque fornire conforto. Sarà sicuramente spaventato perché il cucciolo non ha più la mamma, i fratelli o persone conosciute intorno, quindi avere qualcuno presente per parlare al cucciolo renderà l'esperienza meno traumatica per il piccolo.

Questo è il momento di iniziare a insegnare al tuo cucciolo che i viaggi in auto sono piacevoli. Ciò significa assicurarsi che il trasportino sia sicuro. Non vorrai terrorizzare il cucciolo lasciando che il trasportino scivoli mentre lui è seduto indifeso al suo interno.

Quando arrivi a casa, porta immediatamente il cucciolo o il cane fuori per fare i bisogni. Anche se il cucciolo o il cane ha avuto un incidente durante il viaggio, questo è il momento di iniziare ad addestrare il tuo nuovo membro della famiglia su dove fare i bisogni.

La prima visita dal veterinario e cosa aspettarsi

Una visita dal veterinario è necessaria entro i primi uno o due giorni dall'arrivo del tuo cucciolo e potrebbe essere richiesta nel contratto che hai firmato con l'allevatore. Devi stabilire una base per la salute del cucciolo in modo che il veterinario possa monitorare i progressi del tuo cucciolo e assicurarsi che tutto vada bene mentre il tuo Shiba Inu cresce. La valutazione iniziale ti fornisce maggiori informazioni sul tuo cucciolo, oltre a darti la possibilità di fare domande al veterinario e ricevere consigli. Crea anche un importante rapporto tra il tuo Shiba Inu e il veterinario.

Quella prima visita dal veterinario sarà interessante e molto diversa dalle visite successive. Il tuo cucciolo non saprà cosa aspettarsi poiché non è mai stato da quel particolare veterinario prima. Cerca di fare del tuo meglio per alleviare la sua ansia. Vuoi che questa prima visita stabilisca un tono positivo per tutte le visite future.

Ci sono diverse cose che dovrai fare prima del giorno dell'appuntamento:

- Scopri con quanto anticipo devi arrivare per completare la documentazione per il nuovo paziente.

- Scopri se dovresti portare un campione di feci per quella prima visita. In caso affermativo, raccoglilo la mattina della visita e assicurati di portarlo con te.

- Porta la documentazione fornita dall'allevatore o dall'organizzazione di salvataggio affinché il veterinario la aggiunga alla cartella clinica del tuo cucciolo o cane.

Al tuo arrivo, il tuo cucciolo potrebbe voler incontrare gli altri cuccioli e le persone nell'ufficio, cosa che può essere incoraggiata purché tu tenga a mente alcune regole di base. Dopotutto, questa è un'opportunità per lavorare sulla socializzazione del cucciolo e per creare un'esperienza iniziale positiva da associare al veterinario, anche se dovrai fare attenzione. Chiedi sempre alla persona se va bene che il tuo cucciolo incontri qualsiasi altro animale, e attendi l'approvazione prima di lasciare che il tuo cucciolo proceda con l'incontro con altri animali. Gli animali domestici nell'ambulatorio del veterinario molto probabilmente non si sentono bene, il che significa che potrebbero non essere molto affabili. Non vorrai che un cane anziano scontroso o un animale malato morda o spaventi il tuo cucciolo. Le esperienze sociali negative sono qualcosa che il tuo cucciolo ricorderà, e renderanno l'andare dal veterinario qualcosa da temere o a cui resistere. Né vorrai che il tuo cucciolo sia esposto a potenziali malattie mentre sta ancora facendo i suoi vaccini.

Durante la prima visita, il veterinario condurrà una valutazione iniziale del tuo Shiba Inu. Una delle cose più importanti che il veterinario farà è pesare il tuo cucciolo. Questo è qualcosa che dovrai monitorare per tutta la vita del tuo Shiba Inu perché la razza è predisposta all'obesità. Registra il peso per te stesso in modo da poter vedere quanto velocemente sta crescendo il cucciolo. Chiedi al tuo veterinario quale sia un peso sano in ogni fase e registra anche quello. Gli Shiba Inu crescono incredibilmente velocemente durante il primo anno, ma dovresti comunque assicurarti che il tuo cane non stia aumentando di peso più di quanto sia sano. Durante gli anni 2010, c'è stata una tendenza degli Shiba Inu grassi a causa di quanto sembrassero "carini" mentre dondolavano. Questo non solo è dannoso per la salute del tuo Shiba Inu, ma ridurrà la sua aspettativa di vita. Per garantire che il tuo Shiba Inu rimanga sano, devi sapere qual è il peso del tuo cane all'arrivo, poi dovrai monitorarlo nel corso della vita del tuo cane per assicurarti che rimanga sano.

Il veterinario fisserà la data per la prossima serie di vaccini, che probabilmente avverrà non molto tempo dopo l'arrivo del tuo cucciolo.

Quando sarà il momento delle vaccinazioni, preparati a un giorno o due in cui il tuo cucciolo potrebbe non sentirsi molto bene.

Addestramento al trasportino e altri addestramenti preliminari

"Non lasciarli in una gabbia per lunghi periodi di tempo finché non sono stati addestrati a rimanerci. Questo eviterà che facciano pipì nella gabbia, il che sarebbe una cattiva abitudine da iniziare."

Jan Hill
Dark Knight Shibas

Come accennato, l'addestramento inizia dal momento in cui il tuo Shiba Inu diventa tua responsabilità. Considerando il fatto che il tuo cane potrebbe essere testardo, meglio iniziare ad abituare il tuo cucciolo all'idea che sei tu a comandare. Questo aiuterà a contrastare la natura osti-

Foto di
Caitlin Rubinstein

71

nata dello Shiba Inu. Non aspettarti che elimini il comportamento, ma puoi almeno far sapere al tuo nuovo cucciolo qual è la gerarchia.

I cuccioli di età inferiore ai sei mesi non dovrebbero stare nel trasportino per ore di seguito. Non saranno in grado di trattenere la vescica così a lungo, quindi devi assicurarti che abbiano un modo per uscire e usare il bagno in un luogo accettabile. Se prendi un cane adulto che non è addestrato per i bisogni, dovrai seguire le stesse regole.

Assicurati che la porta sia impostata in modo che non si chiuda sul tuo cane durante il suo primo annusamento del trasportino. Non vorrai che il tuo Shiba Inu venga colpito dalla porta mentre si sta chiudendo e si spaventi.

1. Lascia che il tuo Shiba Inu annusi il trasportino. Parlagli mentre lo fa, usando una voce positiva e felice. Associa la prima esperienza nel trasportino con eccitazione ed emozioni positive in modo che il tuo cane capisca che è un buon posto. Se hai una coperta della madre del cucciolo, mettila nel trasportino per aiutare a fornire un ulteriore senso di comfort.

2. Lascia cadere un paio di bocconcini nel trasportino se il tuo cane sembra riluttante ad entrarvi. NON forzare il tuo cane ad entrare nel trasportino. Se il tuo cane non vuole entrare completamente in questo strano piccolo spazio, va perfettamente bene. Deve essere una sua decisione entrare in modo che non sia un'esperienza negativa.

3. Dai da mangiare al tuo cane nel trasportino per una o due settimane. Questo aiuterà a creare alcune emozioni molto positive con il trasportino, oltre ad aiutarti a tenere il cibo lontano da altri animali domestici se ne hai.

   a. Se il tuo cane sembra a suo agio con il trasportino, metti il cibo completamente in fondo al trasportino.

   b. In caso contrario, posiziona la ciotola del cibo nella parte anteriore, poi spostala più indietro nel trasportino nel tempo.

4. Inizia a chiudere la porta una volta che il tuo cane sembra mangiare comodamente nel trasportino. Quando il cibo è finito, apri immediatamente il trasportino.

5. Lascia la porta chiusa per periodi più lunghi dopo che il tuo cane ha mangiato. Se il tuo cucciolo inizia a guaire, hai lasciato il tuo Shiba Inu nel trasportino troppo a lungo.

6. Metti il tuo cane nel trasportino per periodi più lunghi una volta che il tuo cane non mostra segni di disagio nel trasportino quando sta mangiando. Puoi iniziare ad addestrarlo ad entrare nel trasportino

semplicemente dicendo "gabbia" o "cuccia", poi loda il tuo cane per fargli sapere che ha fatto un ottimo lavoro.

Ripeti questo per diverse settimane finché il tuo cane non si sente a suo agio nel trasportino. Fare questo più volte al giorno può aiutare il tuo cane a imparare che va tutto bene e che il trasportino non è una punizione. Inizialmente, lo farai mentre sei ancora a casa o quando esci per prendere la posta. Non appena il tuo cucciolo riesce a resistere per mez-z'ora senza guaire mentre sei fuori dalla stanza, puoi iniziare a lasciarlo solo mentre sei fuori, mantenendo il tempo a non più di un'ora all'inizio.

Una volta che il tuo cane capisce di non distruggere la tua casa, l'addestramento al trasportino è completo.

L'attenzione durante queste prime settimane è iniziare l'addestramento per i bisogni e ridurre al minimo qualsiasi comportamento indesiderato. L'addestramento fin dall'inizio è vitale, ma non portare ancora il tuo nuovo cucciolo a nessun corso. Questo perché la maggior parte dei cuccioli non ha fatto tutti i vaccini necessari, e i buoni addestratori non li permetteranno nei corsi fino a quando il primo ciclo completo di vaccini non sarà completato. I Capitoli 10 e 12 forniscono uno sguardo più approfondito ai diversi tipi di addestramento che dovresti iniziare e come proseguire dopo le prime settimane.

Paure della prima notte

Quella prima notte sarà spaventosa per il tuo piccolo cucciolo di Shiba Inu. Per quanto questo possa essere comprensibile, c'è solo un certo livello di conforto che puoi dare al tuo nuovo membro della famiglia. Proprio come con un bambino, più rispondi ai pianti e ai lamenti, più stai insegnando a un cucciolo che i comportamenti negativi forniranno i risultati desiderati. Dovrai essere pronto per un atto di equilibrio per fornire rassicurazione che le cose andranno bene evitando che il tuo cucciolo impari che piangendo otterrà la tua attenzione.

Crea un'area per dormire solo per il tuo cucciolo vicino a dove dormi tu. L'area dovrebbe avere il letto del cucciolo inserito in sicurezza in un trasportino. Gli offre un posto sicuro dove nascondersi in modo che possa sentirsi più a suo agio in una casa nuova e strana. L'intera area dovrebbe essere bloccata in modo che nessuno possa entrarvi (e il cucciolo non possa uscire) durante la notte. Dovrebbe anche essere vicino a dove dormono le persone in modo che il cucciolo non si senta abbandonato. Se sei riuscito a ottenere una coperta o un cuscino che profuma di madre, assicurati che questo sia nello spazio del tuo cucciolo. Considera di aggiungere un po' di rumore bianco per coprire suoni non familiari che potrebbero spaventare il tuo nuovo animale domestico.

Il tuo cucciolo farà rumori nel corso della notte. Non spostare il cucciolo, anche se i lamenti ti tengono sveglio. Se cedi, col tempo i lamenti, i guaiti e i pianti diventeranno più forti. Durante la notte, il tuo cucciolo non si sta lamentando perché è stato nel trasportino troppo a lungo; è spaventato o vuole che qualcuno sia con lui – probabilmente non è mai stato solo di notte prima di arrivare a casa tua. Risparmia a te stesso qualche problema in seguito insegnando al cucciolo che lamentarsi non sempre funziona per farlo uscire dal trasportino. Tuttavia, non dovresti nemmeno spo-

Foto di Ann Nghiem

starlo. Essere allontanato dalle persone spaventerà solo di più il cucciolo, rafforzando l'ansia che prova. Col tempo, semplicemente essere vicino a te di notte sarà sufficiente per rassicurare il tuo cucciolo che tutto andrà bene.

Non lasciare che il tuo cucciolo entri nel tuo letto finché non è completamente addestrato per i bisogni. Una volta che uno Shiba Inu impara che il letto è accessibile, non puoi addestrarlo a non saltarci sopra. E se non è addestrato per i bisogni, avrai bisogno di un nuovo letto nel prossimo futuro.

I cuccioli avranno bisogno di andare in bagno ogni due o tre ore, e dovrai alzarti durante la notte per assicurarti che il tuo cucciolo capisca che deve sempre andare in bagno o fuori o sul tappetino assorbente. Se lo lasci fare di notte, avrai difficoltà ad addestrarlo a non farlo in casa in seguito.

CAPITOLO 8
La Casa con Più Animali

«Presenta il tuo nuovo cucciolo agli altri animali domestici tenendolo nel trasportino e portandolo nell'area dove si trovano gli altri animali, come la cucina o il soggiorno. Sii paziente, non lasciarli tutti liberi insieme finché non sarà trascorso abbastanza tempo perché tutti possano annusarsi e calmarsi. Se lo presenti ai gatti, assicurati di dare loro un posto sicuro dove rifugiarsi. Se lo presenti a cani anziani, non permettere al cucciolo di essere maleducato. Un buon cane anziano che fa da modello dirà al cucciolo di calmarsi; non rimproverare il cane più anziano se blocca il cucciolo a terra o lo avverte di allontanarsi».

Susan Norris-Jones
SunJo Shiba Inu e Japanese Chin

Lo Shiba Inu non tende ad andare d'accordo con altri cani alfa – vuole davvero essere al comando. Tuttavia, se il tuo cane o i tuoi cani sono giocherelloni e non hanno tendenze dominanti, l'introduzione di un nuovo Shiba Inu nella tua casa tende ad essere abbastanza facile. Amano giocare in modo rude, il che può rendere difficile la loro introduzione con cani più anziani, quindi dovrai fare attenzione.

Una corretta socializzazione è importante per lo Shiba Inu. Avere già un cane in casa può aiutare il tuo cucciolo a socializzare prima, oltre a insegnargli come funzionano le cose nella tua casa. Il tuo nuovo Shiba Inu potrebbe non scegliere di ascoltarti, ma almeno il cucciolo imparerà le regole. Se il tuo cane attuale o i tuoi cani hanno comportamenti indesiderati, potresti voler cercare di correggerli prima dell'arrivo del cucciolo – non vuoi che il tuo Shiba Inu impari cattive abitudini. È probabile che troverà da solo i suoi guai in cui cacciarsi, ma non hai bisogno che prenda spunto dagli altri animali domestici.

Come Presentare il Nuovo Cucciolo agli Altri Animali Domestici

Presenta sempre tutti i nuovi cani al tuo cane attuale o ai tuoi cani, indipendentemente dall'età, in un luogo neutrale lontano da casa tua. Anche se non hai mai avuto problemi con il tuo cane attuale, stai per cambiare il suo mondo. Scegli un parco o un'altra area pubblica dove il tuo cane non si sentirà territoriale e pianifica di presentare il tuo cane al cucciolo lì. Questo dà agli animali l'opportunità di incontrarsi e conoscersi prima di entrare insieme in casa tua.

Quando presenti il tuo cane e il cucciolo, assicurati di avere almeno un altro adulto con te in modo che ci sia una persona per gestire ciascun cane. Se hai più di un cane, dovresti avere un adulto per ogni cane. Questo renderà più facile tenere sotto controllo tutti i cani. Anche i cani migliori possono emozionarsi troppo quando incontrano un cucciolo. Una delle persone che deve essere presente è la persona responsabile degli animali domestici in casa tua (o le persone se hai più di una persona responsabile). Questo aiuta a stabilire la gerarchia del branco.

Non tenere in braccio il cucciolo quando i cani si incontrano. Anche se potresti voler proteggere il cucciolo e farlo sentire a suo agio tenendolo in braccio, questo ha l'effetto opposto. Il tuo cucciolo probabilmente si sentirà intrappolato, senza via di fuga. Essere a terra significa che il cucciolo può

Foto di
Trisha Cutright

scappare se ne sente il bisogno. Stai vicino al cucciolo con i piedi un po' diva-
ricati. In questo modo, se il cucciolo decide che ha bisogno di scappare, può
nascondersi rapidamente dietro le tue gambe.

Fai attenzione al pelo rizzato sul tuo cane. Il cucciolo e ogni cane dovrebbero avere qualche minuto per annusarsi a vicenda, assicurandoti
che ci sia sempre un po' di lasco nel guinzaglio. Questo li aiuta a sentirsi
più rilassati poiché non sentiranno che stai cercando di trattenerli. Il tuo
cane probabilmente vorrà giocare o semplicemente ignorerà il cucciolo.

- Se vogliono giocare, fai solo attenzione che il cane non ferisca accidentalmente il cucciolo.

- Se il cane finisce per ignorare il cucciolo dopo un'annusata iniziale,
va bene anche così.

Se il pelo del tuo cane è rizzato o se è chiaramente infelice, tienili separati finché il tuo cane non sembra più a suo agio con la situazione. Non
forzare l'incontro.

L'introduzione potrebbe richiedere del tempo, a seconda delle personalità individuali dei cani. Più il tuo cane è amichevole e accogliente,
più sarà facile incorporare il nuovo cucciolo in casa. Per alcuni cani una
settimana è tempo sufficiente per iniziare a sentirsi a proprio agio insieme. Per altri cani, potrebbero volerci un paio di mesi prima che accettino
completamente un nuovo cucciolo. Poiché questa è una dinamica completamente nuova nella tua casa, il tuo cane attuale potrebbe non esse-

re contento che tu porti un piccolo concentrato di energia nella sua vita quotidiana. Questo è sufficiente a rendere chiunque infelice, ma specialmente un cane che si è abituato a un certo stile di vita. Più il tuo cane è anziano, più è probabile che un cucciolo sia un'aggiunta sgradita. I cani più anziani possono diventare irritabili con un cucciolo che non comprende le regole o non sembra sapere quando è troppo. L'obiettivo è far sentire il tuo cucciolo benvenuto e al sicuro, facendo sapere al tuo cane più anziano che il tuo amore per lui è forte come sempre.

Una volta che il tuo nuovo membro della famiglia e il resto del branco canino iniziano a conoscersi e a sentirsi a proprio agio l'uno con l'altro, puoi tornare a casa. Quando entrano in casa, avranno un po' più di familiarità l'uno con l'altro, rendendo i tuoi cani attuali più a loro agio con la nuova aggiunta alla famiglia.

Una volta a casa, porta i cani in giardino e rimuovi i guinzagli. Avrai bisogno di un adulto per ogni cane, incluso il cucciolo. Se sembrano andare d'accordo o il cane è indifferente al cucciolo, puoi far entrare il tuo cane, rimettere il guinzaglio al cucciolo e tenere il cucciolo al guinzaglio mentre entri.

Metti il cucciolo nella sua area quando le presentazioni sono finite.

Foto di
Brooke Steinbach

Come Presentare un Cane Adulto ad Altri Animali

Devi sempre affrontare l'introduzione e le prime settimane con cautela. Il nuovo Shiba Inu adulto avrà bisogno delle sue cose all'inizio e dovrebbe essere tenuto in un'area separata quando non sei presente finché non sei sicuro che non ci saranno litigi. Se i tuoi cani non hanno molto interesse a essere il capo e amano giocare in modo rude, ci vorrà meno tempo perché il tuo nuovo Shiba Inu si inserisca nel branco.

Pianifica che l'introduzione duri almeno un'ora. Probabilmente non ci vorrà così tanto, ma devi assicurarti che tutti i cani siano a loro agio durante l'introduzione. Poiché i cani sono tutti adulti, avranno bisogno di procedere al proprio ritmo.

Segui gli stessi passaggi per presentare i tuoi cani attuali al tuo nuovo cane come faresti con un cucciolo.

- Inizia in territorio neutrale.
- Fai in modo che ci sia un adulto umano per ogni cane presente all'introduzione (questo è ancora più importante quando si introduce un cane adulto).
- Presenta un cane alla volta – non lasciare che diversi cani incontrino il tuo nuovo Shiba Inu contemporaneamente. Avere più cani che si avvicinano tutti insieme in un ambiente non familiare con persone che lo Shiba Inu non conosce molto bene non è consigliato – puoi probabilmente capire come questo possa essere snervante per qualsiasi nuovo cane.

A differenza di quanto avviene con un cucciolo, assicurati di portare dei premi all'incontro di due cani adulti. Gli animali risponderanno bene ai premi, e avrai un modo per distrarre rapidamente tutti i cani se sono troppo tesi tra loro.

Durante l'introduzione, osserva lo Shiba Inu e i tuoi cani per vedere se qualcuno di loro alza il pelo. Questo è uno dei primi segni davvero evidenti che un cane è a disagio. Se il pelo dello Shiba Inu è rizzato, interrompi le presentazioni per un po'. Fallo richiamando prima il tuo cane attuale. Questo è anche il momento in cui dovresti iniziare a sventolare i premi. Evita di tirare i guinzagli per separare i cani. Non vorrai aggiungere tensione fisica alla situazione perché potrebbe scatenare una lotta. I premi funzioneranno per tutti i cani presenti all'inizio, e i tuoi altri cani dovrebbero essere in grado di rispondere quando chiami i loro nomi.

Foto di
Whitney Kono

Se uno qualsiasi dei cani sta mostrando i denti o ringhiando, richiama il tuo cane e dai ai cani la possibilità di calmarsi prima. Usa i premi e una voce calmante per farli rilassare. Vuoi che tutti i cani si sentano a proprio agio durante il primo incontro, quindi non puoi forzare l'amicizia. Se sembrano a disagio o diffidenti all'inizio, dovrai lasciarli procedere al loro ritmo.

Cani Anziani e il Tuo Shiba Inu

Se il tuo cane attuale è più anziano, tieni presente che i cuccioli sono energici e probabilmente continueranno a cercare di coinvolgere il cane più anziano nel gioco. Questo può essere molto faticoso per il tuo cane più anziano. Assicurati che il tuo cane più anziano non si stanchi troppo delle buffonate del cucciolo perché non vuoi che il tuo cucciolo impari a mordere altri cani. Fai attenzione ai segni che il tuo cane più anziano è pronto per un po' di tempo da solo, un po' di tempo da solo con te, o semplicemente una pausa dal cucciolo.

Una volta che il tuo Shiba Inu è pronto a lasciare definitivamente l'area del cucciolo, vorrai comunque assicurarti che il tuo cane più anziano abbia luoghi sicuri dove andare per stare da solo nel caso in cui non se la senta di stare intorno a un giovane vivace. Questo ridurrà la probabilità che il tuo cucciolo venga ripetutamente rimproverato e quindi impari a diffidare dei cani più anziani.

Anche se adotti uno Shiba Inu adulto, tendono a giocare in modo rude con altri cani. Questo può essere un problema con i cani più anziani, quindi assicurati che gli anni d'oro del tuo cane non siano rovinati da un nuovo cane che ha regole che non hanno senso per il tuo cane più anziano e vuole giocare in un modo che il tuo cane più anziano non può.

Aggressività Canina e Comportamenti Territoriali

«La mancanza di esercizio è la ragione numero 1 per problemi come abbaiare, masticare, graffiare, aggressività».

Susan Norris-Jones
SunJo Shiba Inu e Japanese Chin

Fuori casa, lo Shiba Inu non è davvero un problema. Alcune persone hanno classificato la razza come aggressiva perché reagirà bruscamente con cani che diventano troppo entusiasti o invadenti. Questa è una razza che ama essere al comando ed è piuttosto indipendente. Proprio come tu non reagiresti bene a qualcuno che invade il tuo spazio personale ed è troppo amichevole, uno Shiba Inu potrebbe reagire quando un altro cane invade il suo spazio. Questo non è un vero atto di aggressione, più un avvertimento che il cane si sta comportando in un modo che allo

Foto di
Rachel Deihl

Shiba Inu non piace. Una volta che il cane si allontana, il tuo Shiba Inu probabilmente perderà completamente interesse. Questo è molto diverso da un cane che è aggressivo perché un cane aggressivo continuerà a cercare di raggiungere l'altro cane. Uno Shiba Inu vuole solo avere il suo spazio personale. Una volta ottenuto, probabilmente tornerà a comportarsi normalmente. È tuo compito assicurarti che altre persone sappiano di tenere i loro cani troppo entusiasti lontani dal tuo cane.

Non usare collari a strozzo o altri rinforzi negativi sul tuo Shiba Inu. Non solo fanno male al tuo cane, ma non funzionano bene. Uno Shiba Inu non reagisce bene al rinforzo negativo perché pensa con la propria testa. Ciò che insegni al tuo Shiba Inu con questi tipi di costrizioni è che non sai cosa stai facendo e stai usando cose per cercare di forzare il tuo cane a comportarsi in un certo modo. Ciò che funziona sono i premi e l'allontanamento da qualsiasi situazione negativa. Premia il tuo cane per il buon comportamento, e più spesso il tuo cane fa ciò che vuoi che faccia, più spesso lo premi. Il Capitolo 12 spiega come addestrare il tuo Shiba Inu.

A casa, dovrai fare più attenzione. Poiché questo è un cane a cui piace essere al comando, devi fare attenzione al comportamento aggressivo. Nonostante le sue dimensioni, uno Shiba Inu non è il tipo di cane che si tira indietro, quindi se sente che qualcuno lo sta sfidando o prendendo uno dei suoi giocattoli, potrebbe reagire in modo aggressivo. Finché è giovane, è più facile iniziare ad addestrarlo contro questo tipo di comportamento, ma un cane più anziano avrà bisogno di un monitoraggio extra e non dovrebbe essere lasciato solo con altri animali domestici o bambini. Uno Shiba Inu più anziano deve imparare a far parte del branco e al modo corretto di reagire alle persone che giocano con giocattoli e altri oggetti. Ecco perché è essenziale essere sempre fermi e coerenti.

Ci sono due tipi principali di aggressività che dovresti monitorare nel tuo cane.

- L'aggressività da dominanza è quando il tuo cane vuole dimostrare il controllo su un altro animale o persona. Questo tipo di aggressività si manifesta attraverso i seguenti comportamenti in reazione a chiunque si avvicini agli oggetti dello Shiba Inu (come giocattoli o una ciotola per il cibo):

  - Ringhiare

  - Mordere

  - Scattare

Questo è il comportamento che il capobranco ha per avvertire gli altri nel branco di non toccare le sue cose. Se il tuo Shiba Inu reagisce così verso di te, un membro della famiglia o un altro animale domestico che si avvicina alle sue cose, devi intervenire immediatamente, correggerlo dicendo "No", poi riempirlo di lodi quando smette. Devi intervenire costantemente ogni volta che il tuo Shiba Inu si comporta in questo modo.

Non lasciare che lo Shiba Inu stia da solo con altre persone, cani o animali finché viene esibito questo tipo di comportamento. Metterà alla prova i limiti, e se non sei lì per intervenire, probabilmente cercherà di mostrare la sua dominanza in tua assenza. Devi addestrare il tuo Shiba Inu a non reagire in modo aggressivo. Una volta che sei sicuro che il comportamento è stato eliminato, puoi lasciare il tuo cane e lo Shiba Inu da soli per brevi periodi di tempo, rimanendo in un'altra stanza o da qualche parte nelle vicinanze, ma fuori dalla vista. Col tempo, puoi iniziare a lasciare i tuoi animali domestici da soli quando vai a prendere la posta, poi quando fai commissioni. Alla fine, sarai in grado di lasciare il tuo Shiba Inu da solo con altri cani senza preoccuparti che lui o uno dei tuoi altri cani si senta costretto a mostrare dominanza.

- I maschi ben addestrati a socializzare sono più interessati a incontrare e salutare altri cani. I maschi non addestrati a socializzare possono essere aggressivi e prepotenti. Le femmine tendono ad essere più prevedibili; sono più distaccate anche quando correttamente addestrate a socializzare, ma è meno probabile che siano aggressive o prepotenti quando non sono addestrate a socializzare.

Il tuo Shiba Inu dovrà imparare che la casa non è solo sua. Appartiene alle persone e agli altri cani, e lui fa parte della casa, non è il capo in casa tua.

Forte Istinto Predatorio Naturale

Per gran parte della storia della razza, gli Shiba Inu hanno inseguito altri animali. Dopo secoli di inseguimento delle prede, hanno naturalmente un forte istinto predatorio. Dovrai pianificare di far socializzare il tuo cucciolo di Shiba Inu con il gatto molto prima che al cucciolo sia permesso di correre liberamente in casa. Sii sempre presente quando interagiscono in modo da poter correggere il comportamento del cucciolo. Se porti uno Shiba Inu adulto in casa, monitora l'interazione. Poiché i gatti sono circa delle stesse dimensioni di alcuni Shiba Inu, non c'è un grande rischio che lo Shiba Inu cerchi di inseguire il gatto, ma potrebbe reagire come farebbe con un altro cane.

Se hai altri piccoli animali, dovranno essere tenuti in aree dove il tuo Shiba Inu non può andare. Conigli, furetti e altri animali domestici tipicamente non sono addestrabili. La maggior parte dei piccoli animali non è in grado di imparare a non scappare, cosa che il tuo cucciolo probabilmente prenderà come un invito a giocare. Poiché gli animali più piccoli sono di solito in contenitori, questo li renderà meno interessanti per il tuo Shiba Inu. È più quando sei all'aperto che devi fare più attenzione all'istinto naturale del tuo Shiba Inu di inseguire. Questo significa che non dovresti davvero permettere al tuo Shiba Inu di stare senza guinzaglio senza recinzioni. Anche se hai recinzioni, dovrai tenere d'occhio il tuo cane. Se un piccolo animale attira l'attenzione del tuo Shiba Inu, la sua attenzione sarà concentrata sulla cattura dell'animale, e le recinzioni non sono un deterrente tanto quanto potresti pensare. Questa è una razza che sa risolvere problemi, quindi fuggire da un'area recintata non è una grande sfida.

Pratiche per il Momento del Pasto

Il tuo cucciolo di Shiba Inu sarà nutrito nello spazio del cucciolo, quindi l'ora dei pasti non sarà un problema all'inizio. Quando inizi a nutrire il cucciolo con gli altri cani, puoi usare le seguenti istruzioni per ridurre la possibilità di comportamento territoriale con il cibo.

1. Nutri il tuo Shiba Inu contemporaneamente agli altri cani, ma in una stanza diversa rispetto agli altri cani. Tenerli separati permetterà al tuo Shiba Inu di mangiare senza distrazioni o sentire che i tuoi altri cani mangeranno ciò che è nella sua ciotola. Assicurati di nutrire il tuo Shiba Inu nella stessa stanza ogni volta, mentre gli altri cani mangiano nella loro stanza o stanze stabilite.

2. Tieni il tuo Shiba Inu e gli altri cani nelle loro aree finché non finiscono di mangiare il loro cibo. Alcuni cani hanno la tendenza a lasciare cibo nella ciotola. Non permetterglielo. Devono finire tutto nella ciotola perché tutte le ciotole del cibo saranno rimosse non appena i cani avranno finito di mangiare per eliminare la necessità di proteggere quelle ciotole.

3. Assicurati di avere qualcuno vicino al tuo Shiba Inu in modo che impari a non ringhiare alle persone vicino alla ciotola. Questo aiuterà a ridurre lo stress quando altri cani sono intorno al cibo. Se il tuo cane dimostra qualsiasi aggressività, correggilo immediatamente dicendo "No", poi lodalo quando smette. Non tentare di giocare con la ciotola del cibo, e assicurati che nessuno dei bambini ci giochi. Il tuo cane deve sapere che nessuno cercherà di rubare il suo cibo.

4. Avvicina i cani nel corso di un paio di settimane. Ad esempio, puoi nutrire il tuo cane attuale su un lato della porta vicino alla porta e lo Shiba Inu sul lato opposto vicino alla porta.

5. Dopo un mese o due, puoi nutrirli nella stessa stanza, ma con una certa distanza tra loro. Se lo Shiba Inu inizia a mostrare un comportamento protettivo con gli altri cani, correggilo, poi lodalo quando smette il comportamento.

Alla fine, puoi iniziare a nutrire i cani vicini. Possono volerci settimane o mesi, a seconda dell'età dello Shiba Inu quando arriva a casa tua. Un cucciolo richiederà meno tempo perché sarà stato addestrato a socializzare con i cani fin dalla tenera età, rendendolo meno diffidente. Ciò non significa che non mostrerà un comportamento territoriale, ma probabilmente non ci vorrà molto tempo prima che inizi a sentirsi a suo agio mangiando vicino al resto del branco.

Per gli adulti, potrebbe volerci più tempo, e non dovresti affrettarti. Lascia che il tuo cane impari a sentirsi a suo agio mangiando prima di apportare modifiche, anche piccole. I cani di qualsiasi razza possono essere protettivi del loro cibo, a seconda di ciò che hanno passato; questo è esacerbato nelle razze protettive come lo Shiba Inu. Il tuo Shiba Inu deve sentirsi sicuro che questo comportamento protettivo non è necessario intorno ad altri cani prima che mangi senza incidenti. Ciò significa lasciare che la sua fiducia e il suo comfort si costruiscano al suo ritmo.

Un Po' di Pulizia Extra

Gli Shiba Inu sono una delle razze di cani più pulite, e si toelettano da soli quasi quanto un gatto. Alcuni Shiba Inu si spingeranno oltre e inizieranno a pulire altri cani, e talvolta gatti. Non è qualcosa che probabilmente sarà un problema, specialmente se i tuoi altri cani amano l'attenzione. Alla fine della giornata, potrebbe essere un bel modo per loro di creare un legame. Può anche aiutare a mantenere alcuni dei tuoi altri cani un po' più puliti. Naturalmente, questo non sostituirà il bagno e la spazzolatura, ma è bello vedere un cane interessato ad aiutare a mantenere le cose un po' più pulite.

CAPITOLO 9
Le Prime Settimane

"Non offenderti se non vogliono essere coccolati. La maggior parte degli Shiba non ama essere trattenuta."

Vicki DeBerry
DeBerry Shiba Inu

Il tuo cucciolo di Shiba Inu probabilmente passerà la maggior parte della sua prima settimana nella nuova casa alternando momenti di eccitazione a momenti di nervosismo (anche se trascorrerà la maggior parte del tempo dormendo). Dopo aver capito che casa tua è casa sua, il tuo cucciolo inizierà a mostrare più personalità e interesse per il suo nuovo mondo. Mentre la sua intelligenza probabilmente renderà il tuo cucciolo facile da educare ai bisogni, significherà anche che avrai più probabilmente un cucciolo annoiato che si caccia nei guai. Una delle cose più importanti che farai durante questo periodo è assicurarti che il tuo cucciolo si senta al sicuro e a suo agio. Avrà bisogno di molte attenzioni e cure per fargli capire che è dove appartiene.

Il legame che inizi a costruire nella prima settimana continuerà a svilupparsi durante il primo mese. Alla fine del mese, il tuo cucciolo dovrebbe dormire tutta la notte e potrebbe avere una buona comprensione di dove fare i bisogni. Avrai anche una buona idea della personalità del tuo cane, il che renderà molto più facile sapere come confortare il cucciolo durante i suoi rari momenti di incertezza.

Il primo mese è quando devi davvero iniziare a prestare attenzione alla personalità emergente del tuo cucciolo. Con uno Shiba Inu, questo sarà probabilmente il momento in cui inizierai a notare la sua vena indipendente. Se questo accade, devi iniziare a imparare insieme al tuo cucciolo. Non può essere una lotta di potere, e sicuramente non dovresti iniziare a usare alcun tipo di rinforzo negativo per affermare la tua dominanza. Se il tuo Shiba Inu inizia a comportarsi in modo più indipendente, dovrai imparare a reagire senza trasformarlo in un grosso problema. Per quanto possibile, questo è il momento di iniziare gradualmente a fermare o ridurre qualsiasi comportamento indesiderato.

La chiave durante questo periodo è rimanere coerente. Usa ciò che impari sulla personalità del tuo cucciolo per incoraggiare il buon comportamento.

Stabilire le regole e mantenerle

Il tuo cucciolo deve capire le regole e sapere che tu e la tua famiglia fate sul serio. Un approccio fermo e coerente è il migliore sia per te che per il tuo cane. Se non rimani coerente, stai preparando te stesso e il tuo Shiba Inu a molti conflitti che renderanno tutti infelici. Una volta che il tuo cane impara ad ascoltarti, addestrare il tuo Shiba Inu a fare trucchi dipenderà comunque dall'umore del cane, ma sarà più entusiasta se impara presto che sei tu a comandare.

Stabilire una politica di niente salti e niente morsi

"Mordere - questo è un comportamento di gioco normale per un cucciolo di Shiba, ma deve essere scoraggiato con gli umani, e specialmente con i bambini. Il mordicchiare è accettabile, ma i denti non dovrebbero essere sentiti."

Susan Norris-Jones
SunJo Shiba Inu & Japanese Chin

Dovrai insegnare al tuo nuovo membro della famiglia a non fare certe cose da cucciolo, come mordicchiare e saltare. Anche se non sono conosciuti per essere aggressivi e uno Shiba Inu difficilmente sarà in grado di farti cadere, non vuoi comunque che impari cattive abitudini.

Mordicchiare

- Uno dei fattori scatenanti del mordicchiare è la sovrastimolazione, che può essere uno dei segni che il tuo cucciolo è troppo stanco per continuare a giocare o ad allenarsi e dovresti metterlo a dormire.
- Un altro fattore scatenante potrebbe essere che il tuo cane ha troppa energia. Se questo è il caso, porta il tuo cucciolo fuori per sfogare un po' della sua energia in eccesso. Allo stesso tempo, fai attenzione a non far fare troppo esercizio al cucciolo.

Foto di
Pervie Villareal

Devi essere vigile e far sapere immediatamente al tuo cucciolo che mordicchiare non è accettabile. Alcune persone consigliano di usare uno spruzzino d'acqua e spruzzare il cucciolo mentre dici "No" dopo che ha mordicchiato. Questo è uno dei pochi casi in cui la punizione può essere efficace, ma devi fare attenzione a non associarla a nient'altro che al mordicchiare.

Di' sempre al tuo cucciolo "No" con fermezza ogni volta che mordicchia, anche se è durante il gioco. Dovresti anche allontanarti e dire "Ahi!" ad alta voce per far sapere al tuo cucciolo che i suoi denti ti stanno facendo male. Questo aiuterà a stabilire l'idea che mordicchiare è sbagliato e non viene mai premiato.

Masticare

Tutti i cuccioli masticano per alleviare il dolore della dentizione. Masticare può essere un problema costoso per il tuo cane, ma è abbastanza comune in questa razza. Che stia masticando i tuoi mobili, utensili o vestiti, vorrai scoraggiare questo comportamento il più rapidamente possibile.

- Assicurati di avere giocattoli per il tuo Shiba Inu (sia adulto che cucciolo) in modo da potergli insegnare quali cose sono accettabili da masticare. Avere molti giocattoli disponibili, e ruotarli, aiuterà a dare al tuo cucciolo o cane una varietà di opzioni.

- Se il tuo cucciolo sta mettendo i denti, metti in frigorifero un paio di giocattoli in modo che siano freddi, oppure dagli delle carote congelate. Il freddo aiuterà ad intorpidire il dolore.

- I giocattoli fatti di gomma dura o nylon duro saranno i migliori, in particolare i Kong con le crocchette all'interno. Puoi anche riempirli d'acqua e congelarli, il che darà al tuo cucciolo qualcosa di fresco per alleviare il dolore.

Per la maggior parte, tenere d'occhio il tuo cane quando non è nel suo spazio designato ti aiuterà a vedere rapidamente quando sta masticando cose che non dovrebbe. Quando questo accade, di' "No" con fermezza. Se il tuo cane continua a masticare, rimettilo nel suo spazio. Mentre è nello spazio, assicurati che abbia molti giocattoli da masticare.

Se decidi di usare deterrenti per masticare, tieni presente che ad alcuni cani non importerà che un oggetto abbia un cattivo sapore – masticheranno comunque. Non applicare questi deterrenti e poi lasciare il tuo cane da solo aspettandoti che smetta di masticare. Devi vedere la reazione del tuo cane prima di fidarti che la cattiva abitudine sia stata eliminata.

*Foto di
Janice Hill
Darknight Shibas*

Saltare

I cani tipicamente saltano addosso alle persone quando le salutano per la prima volta. Usa i seguenti passaggi quando hai un visitatore (e se puoi trovare qualcuno disposto ad aiutare, questo renderà l'addestramento molto più facile).

1. Metti un guinzaglio al cane quando la persona bussa alla porta o suona il campanello. L'arrivo di qualcun altro ecciterà invariabilmente la maggior parte dei cani, specialmente i cuccioli.

2. Fai entrare la persona, ma non avvicinarti alla persona con il cucciolo finché non si calma.

3. Sii effusivo nelle tue lodi quando il cucciolo mantiene tutte e quattro le zampe a terra. Avvicinati al visitatore solo dopo che il tuo Shiba Inu si è calmato.

4. Quando il cucciolo salta su, gira il corpo e ignoralo. Non correggerlo verbalmente. Essere completamente ignorato sarà molto più un deterrente di qualsiasi parola tu possa dire.

5. Dai al tuo cane qualcosa da tenere in bocca se non si calma. A volte i cani hanno solo bisogno di un compito per ridurre la loro eccitazione. Un peluche o una palla sono ideali per distrarlo, anche se il tuo cane lo lascia cadere.

6. Abbassati e accarezza il tuo cane. Avere qualcuno al suo livello lo farà sentire incluso. Gli permette anche di annusarti il viso, che è parte di un saluto appropriato. Se il tuo visitatore è disposto ad aiutare, questo ovvio riconoscimento può essere un deterrente dal saltare poiché la persona è già al livello del tuo cane.

Addestramento basato sul premio vs addestramento basato sulla disciplina

Altri capitoli tratteranno nel dettaglio i vari aspetti dell'addestramento, ma è importante tenere a mente quanto sia più efficiente addestrare con i premi piuttosto che con le punizioni, specialmente per una razza intelligente come lo Shiba Inu. Questa sarà una sfida particolare poiché i cuccioli possono essere esuberanti e si distraggono facilmente. È importante ricordare che il tuo cucciolo è giovane, quindi devi mantenere la calma e imparare quando hai bisogno di fare una pausa dall'addestramento.

Diversi aspetti critici su cui dovrai iniziare a lavorare durante il primo mese:

- Educazione ai bisogni (Capitolo 10)

- Addestramento al trasportino (Capitolo 7)

- Abbaiare (Capitolo 12)

- Protezione (non inizierai questo durante il primo mese, ma dovrai iniziare a valutarlo se vuoi che il tuo cane sia un protettore ideale) (Capitolo 12)

Scopri quanto ha fatto l'allevatore in termini di educazione ai bisogni e altre aree simili. I migliori allevatori potrebbero persino insegnare ai cuccioli uno o due comandi prima che tornino a casa con te. Se questo è il caso, continua a usare quegli stessi comandi con il tuo cucciolo in modo che l'addestramento iniziale non vada perso. Questo può aiutarti a stabilire il giusto tono di voce da usare poiché il cucciolo saprà già cosa significano le parole e come reagire ad esse. Una volta che capisce questo, coglierà più rapidamente altri usi di quel tono di voce come il modo in cui parli quando stai addestrando. È un altro ottimo modo per far sapere al tuo piccolo amore quando fai sul serio rispetto a quando vuoi giocare. Questo tipo di distinzioni sono facilmente colte dallo Shiba Inu e il tuo cane sarà più che felice di accontentarti.

Ansia da separazione nei cani e nei cuccioli

Alcuni Shiba Inu soffrono di ansia da separazione, e molti di loro non amano molto i cambiamenti nella routine. Anche quelli che non si sentono così turbati dall'essere lasciati soli potrebbero distruggere la tua casa per noia. Come razza con una storia di lavoro, se dai al tuo Shiba Inu qualcosa da fare mentre sei via, la sensazione di separazione non sarà così intensa; si annoierà principalmente. Tuttavia, è un problema che probabilmente incontrerai, quindi devi pianificare in anticipo per aiutare il tuo cucciolo a capire che la tua assenza non significa che non tornerai.

All'inizio, mantieni al minimo il tempo da solo del cucciolo. I suoni delle persone che si muovono per casa aiuteranno il tuo Shiba Inu a capire che la separazione non è permanente. Dopo la prima settimana circa, il tempo da solo può comportare che tu esca a prendere la posta, lasciando il cucciolo dentro da solo per pochi minuti. Puoi quindi allungare la quantità di tempo in cui sei lontano dal cucciolo nel corso di alcuni giorni fino a quando il cucciolo non rimane solo per circa 30 minuti alla volta.

Ecco alcune linee guida di base per quando inizi a lasciare il tuo cucciolo da solo.

- Porta fuori il cucciolo circa 30 minuti prima di uscire.

- Stanca il cucciolo con esercizio o gioco in modo che la tua partenza non sia un grosso problema.

- Metti il cucciolo nell'area cucciolo ben prima di quando esci per evitare che associ lo spazio con qualcosa di brutto che sta per accadere.

- Non dare al tuo cucciolo attenzioni extra appena prima di uscire perché ciò rafforza l'idea che dai attenzione prima che accada qualcosa di brutto.

- Evita di rimproverare il tuo Shiba Inu per qualsiasi comportamento che avviene mentre sei via. Rimproverare gli insegna a essere più stressato perché sembrerà che torni a casa arrabbiato.

Se il tuo Shiba Inu mostra segni di ansia da separazione, ci sono diverse cose che puoi fare per aiutarlo a sentirsi a suo agio durante la tua assenza.

- I giocattoli da masticare possono dare al tuo cane qualcosa di accettabile da rosicchiare mentre sei via.

- Una coperta o una maglietta che profuma di te o di altri membri della famiglia può aiutare a fornire conforto. Se hai indossato l'oggetto e non è molto sporco, è l'ideale, assicurati solo di non essere stato in contatto con prodotti chimici durante il giorno in cui l'hai indossato. Devi anche assicurarti che il tuo cane non mangi l'oggetto in tua assenza. Considera di dargli qualcosa che sai che non indosserai di nuovo, nel caso lo faccia a pezzi.

- Lascia l'area ben illuminata, anche se è durante il giorno. Se dovesse succedere qualcosa e tornassi a casa più tardi di quanto intendi, non vorrai che il tuo piccolo amico sia al buio.

- Accendi uno stereo (la musica classica è la migliore) o la televisione (programmi d'epoca che non hanno rumori forti) in modo che la casa non sia completamente silenziosa e i rumori non familiari siano meno evidenti.

Non ci vorrà molto tempo prima che il tuo Shiba Inu noti il tipo di comportamenti che indicano che stai uscendo. Prendere le chiavi, la borsa, il portafoglio e altri segnali diventeranno rapidamente fattori scatenanti che possono rendere ansioso il tuo Shiba Inu perché imparerà rapidamente cosa significano queste azioni. Non farne un grosso problema. Se ti comporti in modo normale, nel tempo questo aiuterà il tuo piccolo a capire che la tua partenza va bene e che tutto andrà bene.

Foto di
Ann Nghiem

Quanto è troppo tempo per essere lasciati soli a casa?

Sebbene siano cani molto indipendenti, gli Shiba Inu non se la cavano bene quando vengono lasciati soli a casa per lunghi periodi di tempo. Circa otto ore è tutto ciò che possono gestire prima di iniziare a diventare ansiosi, annoiati o infastiditi. Questo potrebbe richiedere che tu lasci il tuo cucciolo così a lungo in un trasportino nei primi giorni, ma nel tempo il tuo obiettivo dovrebbe essere quello di permettere al tuo cane di stare fuori dal trasportino in modo che non sembri una punizione. Il tuo compagno non starà bene intrappolato in un trasportino per ore. Devi trovare alcuni buoni giochi mentali o cose che il tuo cucciolo può fare mentre sei via per evitare che il tuo Shiba Inu diventi distruttivo. Questo è anche il motivo per cui è fondamentale assicurarsi che la tua casa sia adeguatamente preparata prima dell'arrivo del tuo cane, specialmente se prendi uno Shiba Inu adulto. Una volta che il tuo cane è abituato al trasportino e inizi a provare a lasciarlo solo per periodi più lunghi, vuoi assicurarti che qualsiasi impulso distruttivo sia tenuto sotto controllo il più possibile.

Non esagerare, fisicamente o mentalmente

Un cucciolo stanco è molto simile a un bambino stanco; devi impedire al piccolo di esaurirsi o di sforzare troppo quelle piccole zampe. Devi fare attenzione a non danneggiare le ossa in crescita del tuo cucciolo. Il tuo cucciolo probabilmente penserà che il sonno sia inutile, non importa quanto sia stanco. Sta a te leggere i segni che ti dicono quando fermare tutte le attività e mettere a letto il tuo cucciolo o fare una pausa.

L'addestramento deve essere condotto in incrementi di tempo che il tuo cucciolo o cane può gestire. Fai attenzione a non spingere l'addestramento oltre la soglia di concentrazione del cucciolo o a non scoraggiare il tuo cane adulto con comandi troppo avanzati per lui. Se continui l'addestramento oltre i livelli di energia del tuo cucciolo, le lezioni apprese non saranno quelle che vuoi insegnare al tuo cane. A questa età, le sessioni di addestramento non devono essere lunghe, devono solo essere costanti.

Le passeggiate saranno molto più brevi durante quel primo mese. Quando esci, rimani entro pochi isolati da casa. Non preoccuparti – entro la fine del mese, il tuo cucciolo avrà molta più resistenza così potrai goderti passeggiate più lunghe e brevi viaggi lontano da casa se necessario. Entro la fine del primo anno dovresti essere in grado di fare una breve corsa, a seconda dei consigli del tuo veterinario. Puoi anche fare un po' di corsa al guinzaglio in giardino se il tuo cucciolo ha molta energia in eccesso. Questo aiuterà il tuo Shiba Inu a imparare come comportarsi al guinzaglio mentre corre. I cuccioli hanno la tendenza a voler attaccare il guinzaglio perché è una distrazione dal correre liberamente.

Solo perché il tuo cucciolo non può fare lunghe passeggiate inizialmente non significa che non avrà molta energia. L'esercizio quotidiano sarà essenziale, con l'avvertenza che devi assicurarti che il tuo cucciolo non faccia troppo, troppo presto. Rimanere attivo lo aiuterà non solo a essere sano, ma lo manterrà mentalmente stimolato. Ti renderai rapidamente conto di quanto sei stato sedentario se non hai mai avuto un cane prima, perché sarai in movimento quasi tutto il tempo in cui il cucciolo è sveglio.

Foto di
Sandy Li

CAPITOLO 10
Educazione alla pulizia

"Gli Shiba imparano facilmente dove fare i bisogni, purché i proprietari siano costanti e perseveranti! Mettili nel trasportino quando non puoi prestar loro attenzione specifica e portali fuori non appena si svegliano da un pisolino e dopo i pasti."

CJ Strehle
JADE Shiba Inu

Insegnare a un cucciolo dove fare i bisogni non è più difficile o dispendioso in termini di tempo rispetto a insegnare a un bambino piccolo a usare il vasino, e con uno Shiba Inu, è addirittura un po' più facile. È importante stabilire una routine e poi non discostarsene. Il tuo nuovo membro della famiglia vorrà un'area pulita e imparerà rapidamente a farti sapere quando ha bisogno di uscire.

Usare il guinzaglio può essere molto utile per assicurarti che il tuo cucciolo impari quando e dove fare i bisogni, ma ci saranno comunque delle sfide mentre lavori per stabilire la gerarchia e convincere il tuo cucciolo ad ascoltarti.

Assicurati di applicare costantemente queste due regole.

1. Non lasciare mai che il cucciolo vaghi per casa da solo – dovrebbe sempre stare nello spazio dedicato quando non lo stai guardando. I cani non amano avere una cuccia sporca, quindi è molto meno probabile che il tuo cucciolo faccia i bisogni nel trasportino o vicino alla sua cuccia nello spazio dedicato. Il tuo Shiba Inu non sarà contento all'idea di trovarsi in un trasportino sporco, quindi questo è un deterrente dall'usare il bagno quando non sei nei paraggi. Potrebbe non avere lo stesso approccio in altre aree della casa se gli viene lasciata libertà di vagare.

2. Dai al tuo cucciolo un accesso costante e facile ai luoghi dove prevedi di insegnargli a fare i bisogni. Dovrai fare frequenti uscite mentre il tuo cucciolo impara dove fare i suoi bisogni, soprattutto se non è possibile un accesso costante a un posto per i bisogni. Quando uscite, metti il guinzaglio al tuo cucciolo per assicurarti di indicargli chiaramente in quale punto del giardino vuoi che faccia i bisogni.

Inizia sempre con un piano di addestramento, poi sii ancora più rigoroso con te stesso di quanto lo sei con il tuo cucciolo per mantenere quella routine. Tu sei la chiave affinché il cucciolo impari dove è accettabile fare i suoi bisogni.

Dentro o fuori – Opzioni e considerazioni per l'educazione alla pulizia

Se il tuo allevatore ha già iniziato a insegnare al cucciolo dove fare i bisogni, continua con il metodo che è stato utilizzato.

Hai le seguenti opzioni per insegnare al tuo cucciolo dove fare i bisogni:

- Tappetini assorbenti – Dovresti averne diversi in casa per l'addestramento, incluso nell'area del cucciolo, ma il più lontano possibile dalla cuccia.

- Uscite regolari all'esterno – Organizzale in base alla routine di sonno e pasti del tuo cucciolo.

- Ricompense – Puoi usare bocconcini all'inizio, ma passa rapidamente alle lodi.

All'inizio, il modo migliore per educare il tuo cane alla pulizia è uscire molte volte, anche di notte, in modo che il tuo cucciolo impari a fare tut-

*Foto di
Gabe & Natty Hynes*

ti i suoi bisogni fuori. Durante i primi mesi, è meglio usare il guinzaglio quando porti fuori il cucciolo. Questo lo aiuterà a imparare a camminare al guinzaglio e gli impedirà di distrarsi prima di fare i suoi bisogni.

Un avvertimento – non iniziare a lodare il cucciolo finché non ha finito di fare i bisogni. Interromperlo a metà potrebbe farlo smettere, aumentando le probabilità che li faccia di nuovo appena rientrati in casa.

Stabilire una routine

Devi tenere d'occhio il tuo cucciolo e avere sessioni costanti di educazione alla pulizia:

- Dopo aver mangiato
- Dopo essersi svegliato dal sonno o da ogni pisolino
- Secondo una routine (dopo che è stata stabilita)

Osserva il tuo Shiba Inu per cogliere segnali come annusare e girare in tondo, due attività molto comuni quando un cucciolo cerca un posto dove fare i bisogni. Inizia ad adattare la tua routine alle esigenze specifiche del tuo cucciolo.

I cuccioli hanno vesciche piccole e poco controllo nei primi giorni. Se devi addestrare il tuo cucciolo a fare i bisogni in casa, deve esserci un unico spazio designato con un tappetino pulito nell'area del cucciolo, e devi fare scorta dei tappetini appropriati affinché il cucciolo abbia un posto dove andare che non sia il pavimento. Poi assicurati di cambiare regolarmente quei tappetini in modo che il tuo cucciolo non si abitui ad avere escrementi nelle vicinanze. I tappetini sono migliori dei giornali e possono assorbire di più. Dovrai pianificare la transizione per fargli fare i bisogni all'esterno il più rapidamente possibile, ma questo non dovrebbe essere un grande problema con uno Shiba Inu.

Scegliere un luogo

"Pianifica come portare il cucciolo fuori a fare i bisogni - questa è una razza pulita che spesso è già educata alla pulizia a 7 settimane, e NON farà i bisogni in casa. E sii pronto a portare il cucciolo fuori ogni 4 ore durante il giorno - con la pioggia o con il sole."

Susan Norris-Jones
SunJo Shiba Inu & Japanese Chin

Foto di
Ann Nghiem

Uno spazio designato per i bisogni può aiutare a rendere l'esperienza dell'educazione alla pulizia più facile perché lo Shiba Inu inizierà ad associare un'area del giardino a quell'unico scopo, piuttosto che annusare in giro finché non trova un posto di sua scelta. Fargli fare i bisogni regolarmente in un punto renderà anche la pulizia molto più semplice; in questo modo potrai continuare a usare tutto il giardino invece di doverti preoccupare di calpestare escrementi ogni volta che tu o chiunque altro uscite.

Quando sei fuori per le passeggiate è il momento perfetto per addestrare il tuo cucciolo a fare i bisogni. Tra le passeggiate e il giardino, il tuo cucciolo arriverà a vedere il guinzaglio come un segnale che è ora di svuotare la vescica, il che potrebbe diventare una risposta pavloviana. Dato che gli Shiba Inu sono così intelligenti, non ci vorrà molto tempo prima che il tuo compagno capisca la correlazione.

Assicurati di prestare attenzione al tuo cucciolo per tutto il tempo in cui siete fuori. Devi assicurarti che capisca che lo scopo di uscire è fare i bisogni. Non mandare il tuo cucciolo fuori e presumere che abbia fatto ciò che volevi. Finché non ci saranno più incidenti in casa, devi verificare che il tuo cucciolo non perda la concentrazione mentre è fuori.

Addestramento con parole chiave

Ogni addestramento dovrebbe includere parole chiave, anche l'educazione alla pulizia. Tu e tutti i membri della famiglia dovreste sapere quali parole usare quando addestrate il vostro cane a fare i bisogni, e dovreste tutti usare quelle parole in modo coerente. Se hai abbinato un adulto a un bambino, l'adulto dovrebbe essere quello che usa la parola chiave durante l'addestramento.

Per evitare di confondere il tuo cucciolo, fai attenzione a non selezionare parole che usi spesso in casa. Usa una frase come "Fai il bisogno" per far sapere al tuo cucciolo che è ora di mettersi al lavoro, non qualcosa che coinvolge la parola bagno o vasino – queste sono parole che probabilmente dirai dentro casa, il che potrebbe indurlo a fare i bisogni quando non intendi che li faccia. "Fai il bisogno" non è una frase che la maggior parte delle persone usa nella routine quotidiana, quindi non è qualcosa che probabilmente dirai quando non vuoi che il tuo cucciolo usi il bagno.

Una volta che il tuo cucciolo impara a fare i bisogni in base al comando, assicurati che finisca prima di offrire lodi o ricompense.

Premiare il buon comportamento con il rinforzo positivo

Il rinforzo positivo è incredibilmente efficace con gli Shiba Inu. All'inizio, porta con te alcuni pezzi di crocchette quando stai insegnando al tuo cucciolo dove andare, sia dentro che fuori casa. Imparare che sei tu quello al comando aiuterà a insegnare allo Shiba Inu a guardare a te per indicazioni e istruzioni.

Parte dell'essere coerente con l'addestramento significa riempire di lodi il piccolo ogni volta che il tuo cucciolo fa la cosa giusta. Se conduci delicatamente il tuo cucciolo nell'area con un guinzaglio senza altre fermate, diventerà gradualmente ovvio che il tuo Shiba Inu dovrebbe andare lì per fare i bisogni. Una volta fuori, incoraggia il tuo Shiba Inu a fare i bisogni quando arrivi nel punto del giardino che è destinato a essere il suo bagno. Non appena fa i suoi bisogni, fagli immediatamente lodi molto entusiaste. Accarezza il tuo cucciolo mentre parli per far sapere al piccolo quanto è stata buona l'azione. Una volta finite le lodi, rientra immediatamente. Questo non è il momento di giocare. Vuoi che il tuo cucciolo associ certe uscite con il momento designato per fare i bisogni.

Le lodi sono molto più efficaci per gli Shiba Inu, ma puoi anche dare al tuo cucciolo un premio dopo alcune uscite di successo. Sicuramente non rendere i premi un'abitudine dopo ogni uscita perché non vuoi che il tuo Shiba Inu ne aspetti uno ogni volta che fa i suoi bisogni. La lezione è uscire, e questo può includere premi. La maggior parte degli Shiba Inu sarà soddisfatta semplicemente mantenendo pulita la propria area, quindi il tuo piccolo non avrà bisogno di premi a lungo una volta che si abitua a uscire.

Il modo migliore per addestrare nei primi uno o due mesi è uscire ogni ora o due, anche di notte. Dovrai impostare una sveglia per svegliarti entro quel tempo per portare il cucciolo fuori. Usa il guinzaglio per mantenere l'attenzione sull'uso del bagno, fai le stesse lodi entusiaste, poi rientra immediatamente e vai a letto. È difficile, ma il tuo Shiba Inu capirà molto più velocemente se non c'è un lungo periodo tra le pause per i bisogni. Con il tempo, il cucciolo avrà bisogno di uscire meno frequentemente, dandoti più riposo.

Se il tuo Shiba Inu ha un incidente, è importante astenersi dal punire il cucciolo. Gli incidenti non sono un motivo per punire – riflettono più sul tuo addestramento e sulla tua routine che su ciò che il cucciolo ha imparato. Detto questo, gli incidenti sono praticamente inevitabili. Quando succede, di' al tuo cucciolo: "No. Bisogni fuori!" e pulisci subito il pasticcio.

Una volta fatto, porta il cucciolo fuori a fare i bisogni. Naturalmente, se il tuo cucciolo non li fa, non riceve alcuna lode.

Pulizia

Pulisci qualsiasi pasticcio in casa non appena lo trovi. A meno che tu non veda il tuo cucciolo fare i bisogni in casa, non ha senso il rinforzo negativo. Il tuo cane imparerà semplicemente a nascondere il suo pasticcio per evitare di essere punito. Porta invece il cane fuori e vedi se farà i bisogni. Se c'è qualcuno in casa, è meglio pulire il pasticcio il più rapidamente possibile. Dedica un po' di tempo a ricercare che tipo di detergente vuoi usare, sia generico che olistico. Gli Shiba Inu non hanno problemi a marcare il territorio, specialmente se sono addestrati correttamente, ma potresti voler scoraggiare i cani in visita dal reclamare aree dove il tuo cucciolo ha avuto incidenti. I detergenti enzimatici sono i migliori per pulire gli incidenti dei cuccioli.

Presta attenzione a quando avvengono questi incidenti e determina se c'è una caratteristica comune tra loro. Forse devi aggiungere un'uscita per il tuo cucciolo o dovresti apportare una modifica alla sua routine di passeggiate. O forse c'è qualcosa che sta spaventando il tuo cane, causando un incidente.

CAPITOLO 11
Socializzazione

Lo Shiba Inu è una razza dignitosa che non mostra alcun segno di paura. Quando non viene addestrato a socializzare adeguatamente, può soffrire di ansia e paura, che lo renderanno più aggressivo verso altri cani. Dato che sono dei veri artisti della fuga, è assolutamente necessario assicurarti di far socializzare il tuo cucciolo così che, in caso di fuga, il tuo Shiba Inu non corra rischi maggiori. Inoltre, uno Shiba Inu poco addestrato a socializzare è più propenso a scappare, anche se può sembrare strano. Poiché è un membro della tua famiglia, vuoi che il tuo Shiba Inu sia felice in compagnia di altre persone e cani e che impari che la grande maggioranza di loro non rappresenta una minaccia, anche se non riconoscono che il tuo Shiba Inu è il capo.

La socializzazione permette al tuo cucciolo di Shiba Inu di imparare che può essere molto divertente giocare con le persone che inviti a casa tua e con i cani che incontri durante le passeggiate – se il tuo Shiba Inu è dell'umore giusto per interagire. Per assicurarti che il tuo Shiba Inu sia a suo agio, devi pianificare di iniziare la socializzazione fin dalla più tenera età.

Ricorda che il tuo cucciolo dovrà aver completato tutte le vaccinazioni prima di essere esposto ad altri cani.

Foto di
Whitney Kono

Foto di
Diane Leighton

La socializzazione può rendere la vita più facile a lungo termine

Tutti i cani hanno bisogno di socializzazione, ma le razze intelligenti hanno menti più analitiche, quindi vuoi che imparino il prima possibile che nella maggior parte dei casi il mondo è sicuro e che altre persone e animali di solito non rappresentano una minaccia. Ti aiuterà anche far capire al tuo cucciolo che comportarsi in modo dominante e aggressivo non è accettabile.

Il vantaggio della socializzazione precoce è che può rendere la vita molto più piacevole per tutti i coinvolti, indipendentemente dalla situazione. Un cane addestrato a socializzare affronterà il mondo da una prospettiva decisamente migliore rispetto a un cane non addestrato a socializzare.

La maggior parte degli Shiba Inu non adeguatamente addestrati a socializzare vorrà dominare gli altri cani. Non cercano di combattere i cani che incontrano, ma vogliono che gli altri cani sappiano che loro sono i capi. Questo renderà le uscite meno piacevoli e potrebbe essere danno-so per il tuo Shiba Inu se riuscisse a scappare da casa.

Salutare nuove persone

Addestrare il tuo Shiba Inu su come trattare i visitatori potrebbe ri-chiedere un po' più di tempo perché potrebbe non essere dell'umore per interazioni sociali – e le persone vorranno accarezzare il tuo adorabile cagnolino. Sarà altrettanto importante far sapere alle persone come in-teragire con il tuo cane quanto addestrare il tuo cane a interagire con i visitatori. Fai sapere ai tuoi ospiti di lasciare in pace il cane se non mostra interesse per una presentazione.

I cuccioli probabilmente godranno nell'incontrare nuove persone, quindi assicurati di invitare gente a casa per aiutare a socializzare il tuo membro canino della famiglia. Per presentare il tuo cucciolo a una nuova persona, prova uno di questi metodi:

1. Cerca di far incontrare al tuo cucciolo nuove persone ogni giorno, se possibile. Questo potrebbe avvenire durante le passeggiate o men-tre stai facendo altre attività fuori casa. Se non puoi incontrare nuove persone ogni giorno, prova almeno 4 volte a settimana.

2. Invita amici e familiari a casa e lascia che trascorrano qualche minuto dando attenzione al cucciolo. Se il tuo cucciolo ha un gioco o un'attiv-ità preferita, fallo sapere alle persone così che possano giocare con lui. Questo conquisterà il piccolo molto rapidamente e gli insegnerà che le nuove persone sono divertenti e sicure.

3. Una volta che il tuo cucciolo è abbastanza grande per imparare i trucchi (dopo il primo mese – non cercare di insegnargli trucchi im-mediatamente), fai dimostrare al tuo piccolo amico i trucchi per i vis-itatori. Questo sarà davvero importante man mano che il tuo cuccio-lo cresce perché molte persone sono nervose con i cani di qualsiasi taglia. Una dimostrazione di trucchi li aiuta a vedere che il tuo cane è giocherellone e buffo come gli altri cani.

4. Evita le folle per i primi mesi. Quando il tuo cucciolo ha diversi mesi fino a un anno, partecipa ad alcuni eventi dog-friendly così che il tuo cucciolo possa imparare a non sentirsi a disagio con un grande grup-po di persone.

Foto di
Trisha Cutright

Salutare nuovi cani

"Gli Shiba possono essere (e spesso sono) aggressivi verso altri cani, anche con un addestramento adeguato."

CJ Strehle
JADE Shiba Inu

Il Capitolo 8 tratta la presentazione del tuo nuovo Shiba Inu ai tuoi altri cani, ma incontrare altri cani è un po' diverso. La maggior parte dei cani si inchina e si annusa durante una presentazione. Fai attenzione agli stessi segni di aggressività trattati nel Capitolo 8, come il pelo rizzato e i denti scoperti. Inchinarsi, coda alta e orecchie dritte di solito significano che il tuo Shiba Inu è entusiasta di incontrare il cane. Se il tuo Shiba Inu sta facendo rumori, osserva i segni di aggressività per assicurarti che i suoni siano di gioco, non di disagio.

Una cosa che la maggior parte degli Shiba Inu non gradisce è un altro cane che invade il loro spazio senza preavviso. Un cane che arriva da dietro e annusa potrebbe scatenare una risposta aggressiva, se il tuo Shiba Inu non si è reso conto che il cane si stava avvicinando. Questo sarà probabilmente un problema maggiore man mano che il tuo cane invecchia e non sente o vede così bene. Quando è giovane, puoi avvertire le persone con cani troppo eccitati di non lasciare che il loro cane si avvicini troppo al tuo.

Sii cauto e lento nella presentazione. È possibile che il tuo Shiba Inu non voglia essere annusato da dietro, nel qual caso assicurati di bloccare altri cani dall'andare dietro al tuo cane.

L'importanza di continuare la socializzazione

La socializzazione non è mai finita con nessun cane, specialmente con un cane indipendente come uno Shiba Inu. Assicurarsi che il cucciolo sia esposto ad altre persone e altri cani sarà importante per evitare che diventi troppo aggressivo o dominante. Questo non significa forzarlo all'interazione, ma partecipare a corsi e organizzare incontri di gioco darà al tuo cane un motivo per essere entusiasta di incontrare gli altri.

Non devi però uscire di casa se non vuoi. Fai in modo che familiari e amici ti facciano visita regolarmente, specialmente portando i loro cani, così che il tuo Shiba Inu abbia costanti promemoria che la sua casa è un luogo accogliente, non un posto dove deve esercitare la sua dominanza. Non vuoi che il tuo cucciolo senta che il mondo esterno va bene, ma che può essere un piccolo terrore a casa.

Far socializzare un cane adulto

A volte un cane adulto sarà troppo radicato nelle sue abitudini per cambiare, in particolare se il tuo cane è nei suoi anni d'oro. Tuttavia, la maggior parte dei cani adulti può essere addestrata a socializzare finché la rendi la tua massima priorità (insieme all'addestramento). Se non sei pronto a essere molto paziente con il tuo Shiba Inu adulto, allora è meglio non adottare un adulto. La loro natura testarda richiede molto lavoro, e devi essere disposto a essere paziente. Prima di poter iniziare a far

Foto di
Brooke Steinbach

socializzare il tuo cane, devi assicurarti che conosca già alcuni comandi di base e che tu lo abbia sotto controllo prima di qualsiasi introduzione.

Far socializzare un cane adulto richiede molto tempo, dedizione, addestramento gentile e un approccio fermo. Potresti essere abbastanza fortunato da ottenere un adulto che è già stato ben addestrato a socializzare. Tuttavia, ciò non significa che puoi essere completamente rilassato. Il cane potrebbe aver avuto una brutta esperienza con una particolare razza di cane che nessuno conosce.

1. Il tuo cane dovrebbe essere abile nei seguenti comandi prima di lavorare sulla socializzazione:

   a. Seduto

   b. Giù

   c. Zampa

   Potrebbe essere utile che il tuo cane conosca anche resta e sdraiati. Se il tuo cane può rimanere in un posto in base ai tuoi comandi, allora sta dimostrando autocontrollo, qualcosa che sarà molto utile per la socializzazione perché puoi sovrascrivere un impulso aggressivo attivando la modalità di ascolto. Quando esci, dovrai essere molto consapevole del tuo ambiente (il tuo Shiba Inu sarà molto vigile, quindi non puoi essere al telefono o fare qualsiasi cosa a parte guardare ciò che ti circonda), ed essere in grado di comandare il tuo cane prima che un altro cane o persona si avvicini.

2. Usa un guinzaglio corto durante le passeggiate. Al primo segno di aggressività, devi girarti e camminare nella direzione opposta. Essere consapevole del tuo ambiente ti aiuterà a capire a cosa sta reagendo il tuo cane così puoi iniziare ad addestrarlo a non reagire negativamente.

3. Cambia direzione se noti che il tuo Shiba Inu non sta reagendo bene a una particolare persona o cane che si avvicina. Evitare è una buona soluzione a breve termine finché non sai che il tuo cane è più accettante della presenza di questi altri cani o persone.

   Se non sei in grado di prendere una direzione diversa, di' al tuo cane di sedersi, poi blocca la sua visuale. Questo può rivelarsi molto impegnativo poiché il tuo cane cercherà di guardare intorno a te. Impegnati nell'addestramento per aiutare a costringere il tuo cane ad ascoltarti, distogliendo la sua mente da ciò che sta venendo verso di lui.

4. Chiedi ad amici con cani amichevoli di farti visita, poi incontratevi in uno spazio chiuso. Avere uno o due cani amichevoli che interagiscono con il tuo cane può aiutare il tuo Shiba Inu a vedere che non tut-

ti i cani sono pericolosi o hanno bisogno di essere messi al loro posto. Far camminare i cani insieme nell'area senza molta interazione può aiutare il tuo cane a imparare che altri cani sono solitamente solo interessati a godersi l'esterno, quindi non c'è motivo di cercare di intimidirli.

5. Procurati snack speciali solo per le passeggiate. Se il tuo cane è molto aggressivo quando cammina, fallo sedersi e dagli uno degli snack speciali. Gli Shiba Inu sono motivati dal cibo, quindi questo potrebbe essere un modo perfetto per distrarre il tuo cane da qualunque cosa lo faccia sentire protettivo. Al primo ringhio o segno di aggressività, attiva la mentalità di addestramento e fai leva sul desiderio del tuo cane per quegli snack speciali. Questo metodo è lento, ma è affidabile nel tempo perché il tuo cane sta imparando che l'apparizione di estranei e altri cani significa snack speciali, un'esperienza positiva, non negativa. Tuttavia, questo non addestra il cane a interagire con quei cani. Puoi abbinarlo con il quarto suggerimento per ottenere i migliori risultati.

Se hai problemi con il tuo cane adulto, consulta un comportamentista o un addestratore specializzato.

Gestire la dominanza

I cani dominanti sono molto più propensi ad agire con un certo livello di aggressività quando qualcuno cerca di interagire con loro e il cane non è interessato. Sono anche più propensi a cercare di ottenere ciò che vogliono, il che significa testare costantemente le regole. È incredibilmente improbabile che si ritirino o si sottomettano di fronte a una sfida, aumentando le probabilità di una lotta.

Quanto segue ti aiuterà a gestire meglio un cane dominante.

- Il modo migliore per affrontare questo è rimanere fermo e calmo. Se inizi a urlare o a creare paura nel tuo Shiba Inu, gli stai solo dando più motivi per essere turbato e stressato, che è esattamente l'opposto di ciò che vuoi. Invece di queste reazioni negative, allontana il tuo cane dalle situazioni stressanti.

- Non usare alcun tipo di punizione fisica per correggere il tuo cane. Questo lo incoraggia a reagire fisicamente, aumentando le probabilità che morda o si lanci contro gli altri.

- Monitora sempre le interazioni del tuo cane con gli altri, specialmente nei primi giorni, così puoi intervenire prima che i segnali di avvertimento di aggressività si manifestino come azioni.

- Essere coerente è assolutamente fondamentale per aiutare il tuo Shiba Inu a imparare le regole. Se non vuoi che il tuo Shiba Inu sia protettivo dei giocattoli, non puoi permettere al tuo cane di ringhiare quando le persone si avvicinano ai giocattoli. Se non vuoi il tuo Shiba Inu sui mobili, non puoi mai permettere al tuo Shiba Inu di salire sui mobili. Qualsiasi deviazione dalle regole sarà vista come una

Foto di
Marvin Forquer

debolezza in te. Stabilisci le regole e poi rispettale sempre. Questo significherà assicurarsi che anche tutti in famiglia le rispettino.

- I corsi di obbedienza sono consigliati. Il Capitolo 12 fornisce un po' più di informazioni su quando iniziare i corsi.

- Abbi l'attrezzatura appropriata per il tuo cane. Se il tuo cane ha morso qualcuno in passato, dovresti avere una museruola a cestello per prevenire ulteriori morsi quando hai visitatori. Se il tuo cane mostra segni di aggressività, un guinzaglio da trascinamento può essere utile per assicurarti di mantenere il tuo Shiba Inu sotto controllo durante le passeggiate.

Portare un cane dominante in un'area cani è una sfida unica, e si tratta tanto di monitorare le altre persone e cani quanto il tuo. Le aree cani possono essere un ottimo posto per far socializzare il tuo cane, ma devi visitare un parco dove ci sono persone responsabili. Non vuoi andare in un posto dove le persone trascorrono più tempo a socializzare tra loro e ignorano i loro cani. Questo aumenta le probabilità di una lotta.

Se scegli di entrare nell'area cani, dovrai essere costantemente consapevole del tuo cane. Devi non solo osservare i segni di problemi con il tuo cane, ma devi assicurarti che le persone non trattino il tuo cane in un modo che non è accettabile. Potrebbero voler accarezzare e giocare con il tuo Shiba Inu per quanto è adorabile. Se il tuo Shiba Inu non è interessato, non vuoi che le persone (in particolare i bambini) cerchino di giocare con lui. Non vuoi nemmeno che altre persone cerchino di "addestrare" il tuo Shiba Inu perché non andrà bene.

CAPITOLO 12
Addestrare il tuo Shiba Inu

«È meglio addestrare il tuo cucciolo di Shiba a obbedire e a rimanere vicino a te. La razza è nota per scappare e correre via se ne ha l'opportunità».

Jan Hill
Dark Knight Shibas

Lo Shiba Inu è il tipo di razza sempre in grado di imparare qualcosa di nuovo e, se è dell'umore giusto, può essere sia divertente che gratificante. Se però non è dell'umore adatto, l'addestramento diventerà esponenzialmente difficile. Questa è una razza che ha sia energia che cervello, quindi hai molte opzioni su come vuoi addestrare il tuo cane. Comandi come rotola, parla, dammi il cinque e fai il morto saranno facili per uno Shiba Inu quanto la maggior parte dei comandi di base – sempre che il tuo Shiba Inu voglia imparare. Prenditi del tempo per scoprire tutte le cose divertenti che uno Shiba Inu può fare. Amano fare le cose a modo loro, ma adorano anche imparare e sono incredibilmente abili nell'apprendimento.

L'unica cosa da tenere a mente è che devi essere paziente. C'è un motivo per cui lo Shiba Inu compare in quasi tutte le liste delle razze più dif-

Foto di
Whitney Kono

115

ficili da addestrare, e ci sono molti più modi sbagliati che giusti per addestrarli, considerando quanto sono testardi.

Benefici di un corretto addestramento

Oltre a rendere più facile la socializzazione e le uscite in generale, l'addestramento potrebbe essere un modo per salvare la vita del tuo cane.
Comprendere i comandi aiuterà a impedire al tuo cane di correre in strada o di rispondere alle provocazioni di altri cani (o di agire come aggres-
sore). Essendo degli artisti della fuga, questo potrebbe anche farti rispar-
miare tempo nel caso in cui il tuo cane riuscisse ad allontanarsi da te.

L'addestramento è un ottimo modo per creare un legame con il tuo
cane. Ti dà del tempo dedicato insieme e ti aiuta a comprendere la personalità in sviluppo di un cucciolo e a scoprire quali tipi di ricompense
funzioneranno meglio per altri compiti, come la socializzazione.

Il vantaggio più piacevole di avere una solida base di addestramento
è poter insegnare al tuo cane a fare molto di più. Questo è un cane che
può partecipare a molte attività umane, come il kayak, l'escursionismo
e giocare a palla; vuoi assicurarti che il tuo Shiba Inu sia addestrato in
modo da poter godere di una gamma completa di attività.

Scegliere la giusta ricompensa

*«L'addestramento può essere una sfida! Alcuni Shiba non sono moti-
vati dal cibo, né lavoreranno solo per le carezze. Spesso non sono buoni
cani da obbedienza, perché amano fare le cose a MODO LORO».*

CJ Strehle
JADE Shiba Inu

La giusta ricompensa per uno Shiba Inu sarà in definitiva l'amore e
l'affetto. I bocconcini sono il modo più semplice per far capire a un cucciolo che eseguire trucchi è un buon comportamento. Presto, però, dovrai passare a qualcosa che sia un rinforzo secondario. Lodi, tempo di
gioco aggiuntivo e carezze extra sono tutte ricompense fantastiche per
lo Shiba Inu, a seconda dell'umore attuale del tuo cane. Nonostante la
loro occasionale freddezza, amano le loro persone. Semplicemente non
sono propensi a seguirti ovunque come fanno molte altre razze cani-

Foto di
Karolina Bialkowska

ne. Sedersi a guardare un film e lasciare che il tuo cucciolo si sieda con te è un'ottima ricompensa dopo un'intensa sessione di addestramento. Non solo il tuo cucciolo ha imparato, ma ora potete entrambi rilassarvi insieme.

Se vuoi che il tuo Shiba Inu associ un feedback positivo a un suono, puoi usare un clicker. Sono relativamente economici e dovranno essere usati contemporaneamente mentre lodi il tuo cucciolo o cane. Non sono necessari, ma alcuni addestratori li usano. Sta a te decidere se vuoi una cosa in più da portare durante l'addestramento e le passeggiate con il tuo cucciolo.

Riconoscimento del nome

Col tempo, molti di noi inventano più nomi per i nostri cani. Soprannomi, nomi scherzosi e descrizioni basate su alcune delle loro azioni ridicole (è per questo che li amiamo) possono essere tutti usati in seguito. Tuttavia, prima di poter addestrare un cane, devi assicurarti che comprenda il suo vero nome.

1. Prendi alcuni bocconcini e mostrane uno al tuo cane.
2. Pronuncia il nome del cane, di' immediatamente "Sì" (il tuo cane dovrebbe guardarti quando parli), poi dagli un bocconcino.
3. Aspetta 10 secondi, poi mostra al tuo cane un bocconcino e ripeti il passaggio 2.

Le sessioni non dovrebbero durare più di circa cinque minuti perché il tuo cane perderà o la concentrazione o l'interesse. Il riconoscimento del nome è qualcosa che puoi fare più volte durante il giorno. Dopo aver fatto questo per cinque-dieci sessioni, l'addestramento cambierà un po'.

1. Aspetta fino a quando il tuo cane non ti sta prestando attenzione.
2. Chiama il tuo cane. Se il cane ha un guinzaglio, dagli un leggero strattone per attirare la sua attenzione.
3. Di' "Sì" e dagli un bocconcino quando ti guarda.

Durante questo periodo, non pronunciare il nome del tuo cane durante le correzioni o senza un motivo reale. Questo perché all'inizio devi far associare al cane il nome solo con qualcosa di molto positivo, come i bocconcini. Questo programmerà più rapidamente il tuo cane ad ascoltarti indipendentemente da ciò che sta accadendo intorno a lui.

È probabile che il tuo Shiba Inu non richieda molto tempo prima di riconoscere il suo nome.

Foto di
Sophie Riggs

Comandi essenziali

Ci sono cinque comandi di base che tutti i cani dovrebbero conoscere. Questi comandi sono la base per un rapporto felice e piacevole con lui. Nel momento in cui il tuo cucciolo impara tutti e cinque i comandi, sarà più ovvia la correlazione tra le parole che dici e le azioni previste. Questo darà un indizio al cane per comprendere nuove parole in termini di aspettativa e renderà molto più facile addestrarlo su concetti più complessi.

Addestra il tuo cucciolo a eseguire i comandi nell'ordine in cui appaiono in questo capitolo. *Seduto* è un comando di base, e qualcosa che tutti i cani fanno già naturalmente. Poiché i cani tendono a sedersi spesso, è il più facile da insegnare. Insegnare *lascia* e *lascia cadere* è molto più difficile, e di solito richiede che il cucciolo combatta un istinto o un desiderio. Considera quanto cedi a qualcosa che vuoi fare quando sai che non dovresti – è più o meno ciò che stai affrontando, ma con un cucciolo. *Silenzio* può essere un altro comando difficile poiché i cani (in particolare i cuccioli) tendono ad abbaiare come reazione naturale a qualcosa. Questi due comandi richiederanno più tempo per essere insegnati, quindi vuoi avere già gli strumenti necessari per aumentare le tue possibilità di successo.

Ecco alcune linee guida di base da seguire durante l'addestramento.

- Includi tutti in casa nell'addestramento dello Shiba Inu. Il cucciolo deve imparare ad ascoltare tutti in famiglia, e non solo una o due persone. Un programma di addestramento stabilito potrebbe coinvolgere solo un paio di persone all'inizio, specialmente se hai bambini. Dovrebbe sempre essere presente un adulto per l'addestramento, ma includere un bambino durante l'addestramento aiuterà a rafforzare l'idea che il cucciolo deve ascoltare tutti in casa. È anche un buon modo per il genitore di monitorare l'interazione del bambino con il cucciolo in modo che tutti giochino in modo sicuro e seguano le regole.

- Per iniziare, seleziona un'area dove tu e il tuo cucciolo non avete altre distrazioni, incluso il rumore. Lascia il telefono e altri dispositivi fuori portata in modo da mantenere l'attenzione sul cucciolo.

- Rimani felice ed entusiasta dell'addestramento. Il tuo cucciolo percepirà il tuo entusiasmo e si concentrerà meglio grazie a questo.

- Sii coerente e fermo mentre insegni.

- Porta un bocconcino speciale alle prime sessioni di addestramento, come pezzi di pollo o piccoli snack.

Seduto

Inizia a insegnare seduto quando il tuo cucciolo ha circa otto settimane. Una volta che ti sei sistemato nella tua tranquilla posizione di addestramento:

1. Tieni in mano un bocconcino.

2. Muovi il bocconcino sopra la testa del tuo cucciolo. Questo farà indietreggiare il cucciolo.

3. Di' "seduto" mentre i quarti posteriori del cucciolo toccano il pavimento.

Avere una seconda persona intorno per dimostrare questo con il tuo cucciolo sarà utile in quanto può sedersi per mostrare cosa intendi.

Aspetta che il tuo cucciolo inizi a sedersi e di' seduto mentre si siede. Se il tuo cucciolo finisce di sedersi, lodalo. Naturalmente, questo renderà il tuo cucciolo incredibilmente eccitato e vivace, quindi potrebbe volerci un po' di tempo prima che voglia sedersi di nuovo. Quando arriva il momento e il cucciolo inizia a sedersi di nuovo, ripeti la procedura.

Ci vorranno più di un paio di sessioni perché il cucciolo colleghi completamente le tue parole con le azioni. I comandi sono qualcosa di completamente nuovo per il tuo piccolo compagno. Una volta che il tuo cucciolo ha dimostrato di padroneggiare il comando seduto, inizia a insegnare *giù*.

Giù

Ripeti la stessa procedura per insegnare questo comando come hai fatto per seduto.

1. Di' al tuo cane di sedersi.

2. Tieni in mano il bocconcino.

3. Abbassa il bocconcino a terra con il tuo cane che lo annusa. Permetti al tuo cucciolo di leccare il bocconcino, ma se il tuo cane si alza, ricomincia.

4. Di' giù mentre i gomiti del cucciolo toccano il pavimento, poi lodalo mentre lasci che il tuo cucciolo mangi il bocconcino.

Aspetta che il cucciolo inizi a sdraiarsi, poi di' la parola *giù*. Se lo Shiba Inu completa l'azione, offri la tua ricompensa scelta.

Probabilmente ci vorrà un po' meno tempo per insegnare questo comando.

Aspetta che il tuo cucciolo abbia padroneggiato *giù* prima di passare a *resta*.

Resta

Resta è un comando vitale da insegnare perché può impedire al tuo cucciolo di correre attraverso una strada o di correre verso qualcuno che è nervoso o ha paura dei cani. È importante che il tuo cane abbia padroneggiato *seduto* e *giù* prima di insegnare *resta*. Imparare questo comando sarà più difficile poiché non è qualcosa che il tuo cucciolo fa naturalmente. Preparati a impiegare un po' più di tempo.

1. Di' al tuo cucciolo di sedersi o restare.
2. Mentre lo fai, metti la mano davanti al viso del cucciolo.
3. Aspetta che il cucciolo smetta di cercare di leccarti la mano prima di ricominciare.
4. Quando il cucciolo si calma, fai un passo indietro. Se il tuo cucciolo non si muove, di' resta e dagli un bocconcino e qualche lode.

Dare al tuo cucciolo la ricompensa indica che il comando è terminato, ma devi anche indicare che il comando è completo. Il cucciolo deve imparare a restare finché non dici che va bene lasciare il posto. Una volta che dai l'ok per muoversi, non dare bocconcini. *Vieni* non dovrebbe essere usato come parola di *ok* poiché è un comando usato per qualcos'altro.

Ripeti questi passaggi, allontanandoti di più dal cucciolo dopo un comando riuscito.

Una volta che il tuo cucciolo capisce *resta* quando ti allontani, inizia ad addestrarlo a restare anche se non ti stai muovendo. Estendi la quantità di tempo richiesta al cucciolo per restare in un punto in modo che capisca che *resta* finisce con il comando *ok*.

Quando senti che il tuo cucciolo ha padroneggiato *resta*, inizia ad addestrare il cucciolo a venire.

Vieni

Questo è un comando che non puoi insegnare finché il cucciolo non ha imparato i comandi precedenti. Prima di iniziare la sessione di addestramento, decidi se vuoi usare *vieni* o *vieni qui* per il comando. Sii coerente nelle parole che usi.

Questo comando è importante per lo stesso motivo del precedente. Se sei intorno a persone che sono nervose con i cani, o incontri un animale selvatico o altra distrazione, questo comando può riportare l'attenzione del tuo cucciolo su di te.

1. Metti il guinzaglio al cucciolo.

2. Di' al cucciolo di restare.

3. Allontanati dal cucciolo.

4. Di' il comando che userai per vieni e dai un leggero strattone al guinzaglio verso di te.

Ripeti questi passaggi, costruendo una distanza maggiore tra te e il cucciolo. Una volta che il cucciolo sembra capire, rimuovi il guinzaglio e inizia da una distanza ravvicinata. Se il tuo cucciolo non sembra capire il comando, dai alcuni indizi visivi su ciò che vuoi. Ad esempio, puoi battere la gamba o schioccare le dita. Non appena il tuo cucciolo viene correndo da te, offri una ricompensa.

Scendi

Sebbene gli Shiba Inu siano piccoli, è importante addestrare il tuo cane a scendere o a scendere da qualcosa. Questa non è la stessa cosa che insegnare al tuo cane a non saltare sulle persone (Capitolo 9). Questo comando serve specificamente per far scendere il tuo cane dai mobili, dai banconi e dal tuo grembo (gli Shiba Inu non sono sempre i cani da grembo che sembrano pensare di essere).

Questo è un addestramento che dovrai essere pronto a fare al volo perché stai addestrando il tuo cane a fermare un'azione. Questo significa che devi reagire a quell'azione indesiderabile. Avere bocconcini a portata di mano sarà essenziale quando vedi il tuo cane salire su cose su cui non vuoi che stia.

1. Aspetta che il tuo cane metta le zampe su qualcosa su cui non vuoi che stia.

2. Di' "Scendi" e attiralo lontano con un bocconcino che tieni appena fuori dalla sua portata.

3. Di' "Sì" e dagli un bocconcino non appena le sue zampe sono fuori dalla superficie.

Ripeti questo ogni volta che vedi il comportamento. Ci vorranno probabilmente almeno una mezza dozzina di volte prima che il tuo cane capisca che non dovrebbe più eseguire l'azione. Nel tempo, passa dai bocconcini alle lodi o a giocare con un giocattolo.

Lascia

Questo è un comando di addestramento difficile, ma devi insegnare al tuo cane lascia per quando sei in passeggiata e vuoi che ignori altre persone o cani.

1. Lascia che il tuo cane veda che hai bocconcini in mano, poi chiudila. Il tuo pugno dovrebbe essere abbastanza vicino perché il tuo cane possa annusare il bocconcino.

2. Di' "Lascia" quando il tuo cane inizia ad annusare la tua mano.

3. Di' "Sì" e dai al tuo cane un bocconcino quando gira la testa lontano dai bocconcini. Inizialmente, questo probabilmente richiederà un po' di tempo poiché il tuo cane vorrà quei bocconcini. Non continuare a dire "Lascia" poiché il tuo cane non dovrebbe imparare che darai un comando più di una volta. Vuoi che impari che deve fare ciò che dici la prima volta che lo dici. Dovrai convincere il tuo cane a rispondere rapidamente, ecco perché i bocconcini sono consigliati all'inizio. Se passa un minuto o più dopo aver dato il comando, puoi emetterlo di nuovo, ma assicurati che il tuo cane sia concentrato su di te e non distratto.

Queste sessioni dovrebbero durare solo circa cinque minuti e ci vorrà del tempo affinché il tuo cane impari, poiché gli stai insegnando a ignorare qualcosa che fa naturalmente. Quando inizia a capire e guarda altrove quando dici lascia senza passare molto tempo ad annusare, puoi passare a versioni più avanzate dell'addestramento.

1. Lascia la mano aperta in modo che il tuo cane possa vedere i bocconcini.

2. Di' "Lascia" quando il tuo cane inizia a mostrare interesse (questo probabilmente sarà quasi immediatamente, specialmente perché non avrai la mano chiusa, quindi sii preparato).

   a. Chiudi il pugno se il tuo cane continua ad annusare o si avvicina ai bocconcini nella tua mano.

   b. Dai al tuo cane un bocconcino dall'altra mano se si ferma.

Ripeti questi passaggi finché il tuo cane non smette finalmente di cercare di annusare i bocconcini. Quando il tuo cane sembra aver capito questo, passa alla versione più difficile di questo comando.

1. Metti i bocconcini a terra, o lascia che il tuo cane ti veda nasconderli, e resta vicino a quei bocconcini.

2. Di' "Lascia" quando il tuo cane inizia a mostrare interesse nell'annusare i bocconcini.

   a. Metti una mano sopra i bocconcini se non ascolta.

   b. Dagli un bocconcino dalla tua mano se il tuo cane ascolta.

Da qui, puoi iniziare ad addestrare stando più lontano dal bocconcino con il tuo cane al guinzaglio in modo da poterlo fermare se necessario. Poi inizia a usare altre cose che il tuo cane ama, come un giocattolo preferito o un altro bocconcino allettante che di solito non dai.

Lascia cadere

Questo sarà uno dei comandi più difficili che insegnerai al tuo cucciolo perché va contro sia gli istinti che gli interessi del tuo cucciolo. Il tuo cucciolo vuole tenere qualunque cosa abbia, quindi dovrai offrirgli qualcosa di meglio invece. È essenziale insegnare il comando presto, poiché il tuo Shiba Inu sarà molto distruttivo nei primi giorni. Inoltre, questo comando potrebbe salvare la vita al tuo amico a quattro zampe. È probabile che si lanci verso cose che sembrano cibo quando sei in passeggiata e questo comando gli farà lasciare cadere qualsiasi cosa potenzialmente pericolosa che raccoglie.

Inizia con un giocattolo e un bocconcino, o un bocconcino grande che il tuo cane non può mangiare in pochi secondi, come un osso di pelle. Assicurati che il bocconcino che hai sia uno che il tuo cucciolo non riceve molto spesso in modo che ci sia motivazione a lasciare cadere il giocattolo o il grande bocconcino.

1. Dai al tuo cucciolo il giocattolo o il grande bocconcino. Se vuoi usare anche un clicker, abbinalo al bocconcino eccitante che userai per aiutare a convincere il tuo cucciolo a lasciare cadere il bocconcino.

2. Mostra al tuo cucciolo il bocconcino eccitante.

3. Di' "Lascia cadere" e quando lascia cadere il bocconcino o il giocattolo, digli bravo e consegna il bocconcino eccitante mentre raccogli il bocconcino o il giocattolo lasciato cadere.

4. Ripeti questo immediatamente dopo che il tuo cucciolo finisce il bocconcino eccitante.

Dovrai continuare a rinforzare questo comando per mesi dopo che è stato appreso perché non è una reazione naturale. Dovresti anche iniziare a usare cibo che il tuo cane trova quasi irresistibile. Questo è uno di quei rari momenti in cui devi usare un bocconcino perché il tuo cucciolo ha bisogno di qualcosa per convincerlo a lasciare cadere un giocattolo amato, o più importante, cibo che non dovrebbe mangiare.

Silenzio

Gli Shiba Inu non sono considerati abbaiatori eccessivi, ma non c'è alcuna garanzia che il tuo non sarà espansivo. Inizialmente, puoi usare bocconcini con parsimonia per rinforzare il silenzio se il tuo cucciolo ama fare rumore. Se il tuo cucciolo abbaia senza un motivo ovvio, digli di stare zitto e metti un bocconcino nelle vicinanze. È quasi garantito che il cane cadrà in silenzio per annusare il bocconcino, nel qual caso, di' bravo cane o bravo silenzio. Non ci vorrà troppo tempo perché il tuo cucciolo capisca che silenzio significa non abbaiare.

Dove andare da qui

«Gli Shiba possono essere molto facili da addestrare, poiché sono intuitivi e acuti. Tuttavia, non fanno nulla per compiacerci, solo per compiacere se stessi. Raramente fanno qualcosa solo per la lode; hanno bisogno di motivazione. Fortunatamente, la maggior parte è motivata dai giocattoli o dal cibo, quindi questo funziona bene. I cani a cui non importa dei giocattoli o del cibo possono essere molto difficili - sanno cosa è ciò che 'noi' vogliamo, ma semplicemente non vedono perché dovrebbero farlo».

Susan Norris-Jones
SunJo Shiba Inu & Japanese Chin

Questa è una razza che può beneficiare molto dell'addestramento all'obbedienza. Poiché sono così testardi, l'addestramento all'obbedienza riguarda tanto l'addestrare te su come reagire alla testardaggine quanto l'addestrare il tuo cane a essere obbediente. Dà anche al tuo Shiba Inu la possibilità di socializzare. È un ambiente sicuro per il tuo cucciolo per imparare sugli altri cani perché c'è molta attenzione rivolta a tutti i cani. È un ambiente sicuro e un'ottima esperienza per entrambi per imparare.

Classi per cuccioli

I cuccioli possono iniziare ad andare alla scuola per cuccioli già dalle 6 settimane. Questo è l'inizio dell'addestramento all'obbedienza, ma dovrai fare attenzione alle loro interazioni con altri cani fino a quando il tuo cucciolo non avrà completato le sue vaccinazioni. Parla con il tuo veterinario su quando è un buon momento per iniziare, o almeno un momento sicuro. Il tuo veterinario potrebbe essere in grado di consigliare buone classi di addestramento per cuccioli nella tua zona.

Lo scopo principale di queste classi è la socializzazione, che è davvero importante per una razza come lo Shiba Inu. Gli studi hanno dimostrato che un terzo dei cuccioli ha un'esposizione minima a nuove persone e cani durante le prime 20 settimane di vita, il che può rendere il mondo esterno più spaventoso. Le classi per cuccioli danno a te e al tuo cucciolo la possibilità di imparare come incontrare e salutare altre persone e cani in un ambiente strettamente controllato. I cani che frequentano queste classi sono molto più amichevoli e sono meno stressati per cose come grandi camion, rumori forti e visitatori. Sono anche meno propensi a essere nervosi o a soffrire di ansia da separazione.

È anche un buon addestramento per te. Negli stessi studi, le persone erano meglio in grado di reagire in modo appropriato quando un cucciolo era disobbediente o si comportava male, qualcosa che è assolutamente essenziale quando si addestra uno Shiba Inu. Ti insegna come addestrare il tuo cucciolo e come affrontare la natura testarda emergente del tuo cane.

Molte classi ti aiuteranno con alcuni dei comandi di base, come *seduto* e *giù*. Cerca una classe che si concentri anche sulla socializzazione in modo che il tuo cucciolo possa ottenere il massimo dalla classe.

Addestramento all'obbedienza

Dopo che il tuo cucciolo si è diplomato alla scuola per cuccioli e comprende la maggior parte dei comandi di base, puoi passare alle classi di obbedienza. Sono più difficili, ma non dovrebbe essere una sfida così

grande per uno Shiba Inu. Alcuni addestratori offrono addestramento all'obbedienza a domicilio, ma è meglio trovare una classe in modo che il tuo cane possa continuare la socializzazione come parte dell'addestramento. Se il tuo cucciolo frequenta le classi per cuccioli, possono fornirti le prossime classi che raccomandano. Cani di quasi qualsiasi età possono frequentare classi di addestramento all'obbedienza, anche se il tuo cane dovrebbe essere abbastanza grande da ascoltare (ecco perché ci sono classi per cuccioli – i cani che hanno 20 settimane o meno sono un tipo diverso di problema di addestramento).

L'addestramento all'obbedienza di solito include quanto segue:

- Insegnare o rinforzare comandi di base, come seduto, giù, vieni e terra.
- Come camminare senza tirare il guinzaglio.
- Come salutare correttamente persone e cani, incluso non saltare su di loro.

La scuola di obbedienza riguarda tanto l'addestrare te quanto l'addestrare il tuo cane. Ti aiuta a imparare come addestrare mentre fai passare il tuo cane attraverso comandi di base e come comportarsi per attacchi di base, come saluti e passeggiate. Le classi di solito durano tra le 7 e le 10 settimane.

Chiedi al tuo veterinario consigli. Se il tuo veterinario non ha consigli, prenditi del tempo per ricercare a fondo le tue opzioni. Guarda i seguenti dettagli quando valuti gli addestratori:

- Sono certificati, in particolare la certificazione CPDT-KA.
- Da quanti anni addestrano cani?
- Hanno esperienze con gli Shiba Inu?
- Puoi partecipare all'addestramento? Se la risposta è no, non usare questo addestratore. Devi essere parte dell'addestramento del tuo cane perché l'addestratore non sarà presente per la maggior parte della vita del tuo cane. Deve imparare ad ascoltare te.

L'addestramento all'obbedienza non aiuta con seri problemi comportamentali. Se il tuo cane ha ansia, depressione o altri seri problemi comportamentali, devi assumere un addestratore per aiutare il tuo cane a superare questi problemi. Fai le tue ricerche per assicurarti che l'addestratore selezionato sia un esperto, preferibilmente con esperienza con cani intelligenti e testardi. Se possibile, trova qualcuno che abbia esperienza nel trattare con gli Shiba Inu.

Una volta che il tuo Shiba Inu ha imparato i comandi di base e ha fatto bene nell'addestramento all'obbedienza, puoi iniziare a fare altri addestramenti più piacevoli. Finché il tuo Shiba Inu ha fatto bene nelle classi, non dovresti aver bisogno di un addestratore perché il tuo cane ti ascolterà. Con una base per i comandi e un interesse più attivo nell'imparare di più, questa potrebbe essere una grande base per fare di più – finché il tuo Shiba Inu è interessato. A questo punto, dovresti essere in grado di dire se il tuo cane è interessato, e avrai sicuramente più un'idea se vuoi perseguire un addestramento più difficile data la personalità del tuo cane.

CAPITOLO 13
Alimentazione

"Essendo una razza asiatica, non hanno una storia con la carne bovina o i cereali, che richiedono specifici enzimi digestivi. Pollame, pesce e selvaggina sono buone fonti proteiche, mentre il riso è il cereale meglio tollerato."

Susan Norris-Jones
SunJo Shiba Inu & Japanese Chin

N egli ultimi anni, molte persone hanno permesso ai loro Shiba Inu di diventare troppo grossi per il loro piccolo corpo a causa della popolarità di Cody, uno Shiba Inu obeso. La gente pensava che i problemi che aveva fossero "carini", il che è crudele perché quel respiro affannoso e quell'espressione sul muso del cane sono indicativi di dolo-

re, non di felicità. Devi fare attenzione con il tuo Shiba Inu per assicurarti che questo non gli accada. Anche se non sono inclini a mangiare troppo come altre razze, ciò non significa che non lo faranno.

È sorprendentemente facile mantenere questa razza in salute. Devi solo essere consapevole di ciò che stai dando da mangiare al tuo Shiba Inu e assicurarti che faccia esercizio adeguato ogni giorno. Considerando la loro taglia, questo è facile da fare, ma richiede una pianificazione prima dell'arrivo del tuo cucciolo o cane.

Perché una dieta sana è importante

Poiché gli Shiba Inu di solito adattano le loro esigenze di esercizio fisico al livello di attività della famiglia, dovrai adeguare la dieta alla quantità di esercizio che il tuo cane farà regolarmente. Questo è un problema particolare per i proprietari di Shiba Inu, quindi dovrai fare attenzione a qualsiasi calo di attività per assicurarti di non sovralimentare il tuo cane. Se hai un programma molto intenso, sarà fin troppo facile avere notevoli cali nei livelli di attività mentre sei a casa. Il tuo Shiba Inu non capirà i cambiamenti del tuo programma, ma solo il fatto che di solito riceve una certa quantità di cibo, indipendentemente dal suo livello di attività. Questo significa che è probabile che aumenti di peso quando mantieni le stesse calorie riducendo le attività.

Devi essere consapevole di quante calorie mangia il tuo cane al giorno, compresi gli snack. Tieni d'occhio il peso del tuo cane così puoi notare quando sta mettendo su chili. Questo ti indicherà quando dovresti regolare la quantità di cibo che il tuo Shiba Inu mangia al giorno, o sostituire il suo cibo con qualcosa di maggior valore nutrizionale, ma con meno calorie.

Parla sempre con il tuo veterinario se hai preoccupazioni sul peso del tuo Shiba Inu. Puoi anche stabilire controlli regolari del peso a casa perché entrano facilmente nelle bilance domestiche.

Nutrizione canina

Le esigenze alimentari di un cane sono significativamente diverse da quelle umane. Le persone sono più onnivore dei cani, il che significa che richiedono una gamma più ampia di nutrienti per essere sane. I canidi sono in gran parte carnivori, e le proteine rappresentano un requisito alimentare significativo. Tuttavia, hanno bisogno di più delle sole proteine per essere in salute.

La seguente tabella fornisce i principali requisiti nutrizionali per i cani.

Nutriente	Fonti	Cucciolo	Adulto
Proteine	Carne, uova, soia, mais, grano, burro di arachidi	22,0% della dieta	18,0% della dieta
Grassi	Olio di pesce, olio di semi di lino, olio di colza, grasso di maiale, grasso di pollame, olio di carta-mo, olio di girasole, olio di soia	8,0-15,0% del-la dieta	5,0-15,0% della dieta
Calcio	Latticini, organi animali, carni, le-gumi (tipicamente fagioli)	1,0% della dieta	0,6% della dieta
Fosforo	Carne e integratori per animali	0,8% della dieta	0,5% della dieta
Sodio	Carne, uova	0,3% della dieta	0,06% della dieta

I seguenti sono i nutrienti rimanenti richiesti dai cani, tutti meno dell'1% della dieta del cucciolo o dell'adulto:

- Arginina
- Istidina
- Isoleucina
- Leucina
- Lisina
- Metionina + cistina
- Fenilalanina + tirosina
- Treonina
- Triptofano
- Valina
- Cloruro

Poiché molti alimenti umani contengono conservanti e sale, è meglio evitare di dare al tuo cane cibi umani con molto sodio.

Anche l'acqua è assolutamente essenziale per mantenere il tuo cane in salute. Dovrebbe sempre esserci acqua nella ciotola del tuo cane, quindi prendi l'abitudine di controllarla più volte al giorno in modo che il tuo cane non si disidrati.

Proteine e aminoacidi

In quanto carnivori, le proteine sono uno dei nutrienti più importan-ti nella dieta di un cane sano (anche se non dovrebbero mangiare carne in modo esclusivo come i loro stretti parenti lupi; le loro diete e necessi-tà sono cambiate significativamente da quando sono diventati compagni degli umani). Le proteine contengono gli aminoacidi necessari affinché il tuo cane produca glucosio, fondamentale per dargli energia.

Una mancanza di proteine nella dieta del tuo cane lo renderà letargico. Il suo pelo potrebbe iniziare a sembrare opaco e probabilmente perderà peso. Al contrario, se il tuo cane assume troppe proteine, il suo corpo immagazzinerà le proteine in eccesso come grasso, il che significa che aumenterà di peso.

La carne è tipicamente la migliore fonte di proteine, ed è raccomandata poiché le esigenze alimentari di un cane sono significativamente diverse da quelle umane. Tuttavia, è possibile per un cane seguire una dieta vegetariana purché tu ti assicuri che riceva le proteine necessarie attraverso altre fonti, e includa vitamina D supplementare nel suo cibo. Se prevedi di alimentare il tuo cane con una dieta vegetariana, parlane prima con il tuo veterinario. È incredibilmente difficile garantire che un carnivoro ottenga proteine adeguate con una dieta vegetariana, specialmente i cuccioli, quindi dovrai dedicare molto tempo alla ricerca e alla discussione con esperti di nutrizione per assicurarti che il tuo cane riceva le proteine necessarie per le sue esigenze.

Grassi e acidi grassi

La maggior parte dei grassi di cui il tuo cane ha bisogno proviene anche dalla carne, sebbene gli oli di semi possano fornire molti dei grassi sani necessari, con il burro di arachidi che è una delle fonti più comuni. I grassi vengono scomposti in acidi grassi, di cui il tuo cane ha bisogno per le vitamine liposolubili che aiutano le funzioni cellulari regolari. Forse il beneficio più evidente dei grassi e degli acidi grassi è nel pelo del tuo cane, che apparirà e si sentirà molto più sano quando il tuo cane riceve i nutrienti giusti.

Ci sono numerosi potenziali problemi di salute se il tuo cane non assume grassi adeguati nella sua dieta quotidiana.

- Il suo pelo sembrerà meno sano.
- La sua pelle potrebbe essere secca e pruriginosa.
- Il suo sistema immunitario potrebbe essere compromesso, rendendo più facile per il tuo cane ammalarsi.
- Potrebbe avere un rischio maggiore di malattie cardiache.

La preoccupazione principale se il tuo cane assume troppi grassi è che aumenterà di peso e diventerà obeso, portando a ulteriori problemi di salute. Per le razze predisposte a problemi cardiaci, devi fare particolare attenzione a garantire che il tuo cane riceva la giusta quantità di grassi nella sua dieta. Si stima che il 18% degli Shiba Inu abbia problemi cardiaci.

*Foto di
Helena Miltiadous*

Carboidrati e cibi cotti

I cani vivono con gli umani da millenni, quindi le loro esigenze alimentari si sono evolute come le nostre. Sono in grado di mangiare cibi con carboidrati per integrare l'energia tipicamente fornita da proteine e grassi. Se cuoci i cereali (come orzo, mais, riso e grano) prima di darli al tuo cane, sarà più facile per lui digerire quei carboidrati complessi. Questo è qualcosa da tenere a mente quando consideri che tipo di cibo darai al tuo cane, poiché vorrai ottenere crocchette (cibo secco per cani) che utilizzino carne invece di cereali; sebbene il tuo cane possa digerire il cibo con cereali, non otterrà tanto valore nutrizionale quanto ne otterrebbe da cibo che contiene vera carne.

Diverse esigenze alimentari per diverse fasi della vita

Diverse fasi della vita di un cane hanno diverse esigenze nutrizionali:

- Cuccioli
- Adulti
- Cani anziani

Cibo per cuccioli

I produttori di cibo per cani producono un tipo di cibo completamente diverso per i cuccioli per una buona ragione: le loro esigenze nutrizionali sono molto diverse da quelle dei loro omologhi adulti. Durante circa i primi 12 mesi della loro vita, i loro corpi sono in crescita. Per essere sani, hanno bisogno di più calorie e hanno esigenze nutrizionali diverse per favorire quella crescita.

Cibo per cani adulti

La differenza principale tra il cibo per cuccioli e il cibo per cani adulti è che il cibo per cuccioli è più ricco di calorie e nutrienti che favoriscono la crescita. I produttori di cibo per cani riducono questi nutrienti negli alimenti per cani adulti poiché non hanno più bisogno di sostenere la crescita. Come regola generale, quando un cane raggiunge circa il 90% della sua taglia adulta prevista, dovresti passare al cibo per cani adulti.

La taglia del tuo cane è fondamentale per determinare quanto nutrirlo. La seguente tabella è una raccomandazione generale su quanto nutrire il tuo Shiba Inu adulto al giorno. Inizialmente, dovresti concentrarti sulle calorie mentre cerchi di trovare il giusto equilibrio per il tuo cane.

Taglia del Cane	Calorie
5 kg.	420 durante i mesi caldi 630 durante i mesi freddi
10 kg.	700 durante i mesi caldi 1.050 durante i mesi freddi

La maggior parte degli Shiba Inu non ha bisogno di 1.000 calorie al giorno per la maggior parte dell'anno. Questo non è molto cibo, quindi devi essere molto consapevole di quante calorie stai dando al tuo cane per assicurarti che non diventi sovrappeso. Questa scala è per l'intervallo di peso ideale di un cane. Se il tuo cane è sovrappeso o obeso, chiedi al tuo veterinario quanto dovresti nutrirlo al giorno.

Tieni anche presente che queste raccomandazioni sono giornaliere, e non per pasto. Che tu lo nutra una volta al giorno o più volte al giorno, assicurati di misurare attentamente quanto cibo gli dai in modo da non superare la raccomandazione giornaliera.

Se prevedi di aggiungere cibo umido, presta attenzione all'apporto calorico totale e regola quanto nutri il tuo cane tra le crocchette e il cibo umido. In altre parole, le calorie totali nelle crocchette e nel cibo umido dovrebbero bilanciarsi in modo da non superare le esigenze del tuo cane.

Foto di
Whitney Kono

Lo stesso vale se dai al tuo cane molti snack nel corso della giornata. Dovresti considerare il conteggio delle calorie degli snack in quanto nutri il tuo cane ai pasti.

Se prevedi di nutrire il tuo cane con cibo fatto in casa, dovrai imparare di più sulla nutrizione e dovrai prestare molta attenzione alle calorie, e non alle misurazioni in tazze.

Cibo per cani anziani

Come le persone anziane, i cani anziani non sono in grado di essere attivi come lo erano nei loro giorni più giovani. Questa è solo una linea guida approssimativa. Se noti che il tuo cane rallenta o vedi che non è in grado di fare passeggiate più lunghe a causa di dolori articolari o mancanza di resistenza, è un buon segno che il tuo cane sta entrando nei suoi anni anziani. Consulta il tuo veterinario quando pensi che sia il momento di cambiare il tipo di cibo che dai al tuo cane.

La differenza principale tra il cibo per cani adulti e quello per cani anziani è che il cibo per cani anziani ha meno grassi e più antiossidanti per aiutare a combattere l'aumento di peso. I cani anziani hanno anche bisogno di più proteine, il che probabilmente renderà felice il tuo cane perché di solito significa più carne e sapori di carne. Le proteine aiutano a mantenere i muscoli invecchiati del tuo cane. Dovrebbe mangiare meno fosforo durante i suoi anni d'oro per evitare il rischio di sviluppare iperfosfatemia. Questa è una condizione in cui i cani hanno quantità eccessive di fosfato nel flusso sanguigno, e i cani più anziani sono a maggior rischio di svilupparla.

Il cibo per cani anziani ha la giusta quantità di calorie per l'attività ridotta, quindi non dovresti aver bisogno di regolare la quantità di cibo che dai al tuo cane, a meno che non noti che sta mettendo su peso. Consulta il tuo veterinario prima di regolare la quantità di cibo o se noti che il tuo cane sta mettendo su peso. Questo potrebbe essere un segno di un disturbo del cane anziano.

Le opzioni di pasto per il tuo cane

Hai tre scelte principali per nutrire il tuo cane, o puoi usare una combinazione delle tre, a seconda della tua situazione e delle specifiche esigenze del tuo cane:

- Cibi commerciali
- Dieta cruda
- Dieta fatta in casa

Foto di
Pervie Villareal

Cibo commerciale

Assicurati di acquistare il miglior cibo per cani che puoi permetterti. Prenditi il tempo per ricercare ciascuna delle tue opzioni, in particolare il valore nutrizionale del cibo, e rendi questo un compito annuale. Assicurati che il cibo che stai dando al tuo cane sia di qualità. Tieni sempre conto della taglia, dei livelli di energia e dell'età del tuo cane. Il tuo cucciolo potrebbe non aver bisogno di cibo per cuccioli tanto a lungo quanto altre razze e il cibo per cani anziani potrebbe non essere la migliore opzione per il tuo Shiba Inu anziano.

Barkspace fornisce diversi ottimi articoli su quali cibi commerciali per cani sono buoni per gli Shiba Inu. Poiché nuovi alimenti arrivano frequentemente sul mercato, controlla occasionalmente per vedere se ci sono cibi più nuovi e migliori disponibili. Poiché devi fare attenzione al peso del tuo Shiba Inu, vale la pena verificare che gli stai dando il miglior cibo disponibile.

Se non sei sicuro di quale marca di cibo sia la migliore, parla con l'allevatore riguardo ai cibi che raccomandano. Puoi chiedere al tuo veterinario, anche se è probabile che la maggior parte di loro non abbia lavorato con molti Shiba Inu e non si sia ancora formata un'opinione. Gli allevatori sono davvero le migliori guide per te qui, poiché sono esperti della razza.

Alcuni cani possono essere schizzinosi e possono certamente stancarsi di avere ripetutamente lo stesso cibo. Proprio come cambi i tuoi pasti, puoi cambiare ciò che mangia il tuo Shiba Inu. Anche se non dovresti cambiare frequentemente la marca di cibo, puoi ottenere cibi che hanno sapori diversi. Puoi anche cambiare il gusto aggiungendo un po' di cibo umido (in scatola). Questo è un cambiamento facile da fare, dando al tuo cane un cibo in scatola diverso (di solito solo circa 1/4-1/3 della scatola per un pasto, a seconda della taglia del tuo cane) con ogni pasto.

Per maggiori dettagli sulle opzioni commerciali, consulta Dog Food Advisor. Forniscono recensioni sulle diverse marche, oltre a fornire informazioni su richiami e problemi di contaminazione.

Cibo secco commerciale

Il cibo secco per cani spesso è in sacchi, ed è ciò che la stragrande maggioranza delle persone dà ai propri cani. Data la loro taglia, non avrai bisogno dei grandi sacchi di cibo per cani a meno che non voglia acquistarlo per un periodo molto lungo.

Vantaggi del cibo secco per cani:

- Comodità
- Varietà
- Disponibilità
- Convenienza
- I produttori seguono le raccomandazioni nutrizionali (non tutti le seguono, quindi fai la tua ricerca sulla marca prima di acquistare)
- Appositamente formulato per diverse fasi di vita canina
- Può essere utilizzato per l'addestramento
- Facile da conservare

Svantaggi del cibo secco per cani:

- Richiede ricerca per assicurarsi di non comprare cibo spazzatura per cani
- Il packaging non è sempre onesto
- Richiami per contaminazione alimentare
- Il cibo di bassa qualità può avere ingredienti discutibili

La comodità e la facilità sul tuo budget significa che quasi certamente comprerai crocchette per il tuo cane. Questo va perfettamente bene, e la maggior parte dei cani sarà più che felice di mangiare crocchette. Sappi solo quale marca stai attualmente dando al tuo cane e presta attenzione ai richiami di crocchette per assicurarti di smettere di nutrire il tuo cane con quel particolare cibo se necessario.

Cibo umido commerciale

La maggior parte dei cani preferisce il cibo umido alle crocchette, ma è anche più costoso. Il cibo umido per cani può essere acquistato in confezioni più grandi che possono essere molto facili da conservare.

Vantaggi del cibo umido per cani:

- Aiuta a mantenere i cani idratati
- Ha un profumo e un sapore più ricco
- Più facile da mangiare per i cani con problemi dentali (in particolare quelli a cui mancano i denti) o se un cane è stato malato
- Conveniente e facile da servire
- Non aperto, può durare da 1 a 3 anni

- Bilanciato in base alle attuali raccomandazioni nutrizionali per animali domestici

Svantaggi del cibo umido per cani:

- Le ciotole dei cani devono essere lavate dopo ogni pasto
- Può ammorbidire i movimenti intestinali
- Può essere più disordinato delle crocchette
- Una volta aperto, ha una durata di conservazione molto breve e dovrebbe essere coperto e refrigerato
- Più costoso del cibo secco per cani ed è in piccole quantità
- Il packaging non è sempre onesto
- Richiami per contaminazione alimentare

Come il cibo secco per cani, il cibo umido per cani è conveniente, e i cani schizzinosi sono molto più propensi a mangiarlo rispetto alle crocchette. Quando il tuo cane si ammala, è meglio usare cibo umido per cani per assicurarti che mangi in modo da ottenere la nutrizione necessaria di cui ha bisogno ogni giorno. Potrebbe essere un po' più difficile tornare alle crocchette una volta che è sano, ma puoi sempre continuare ad aggiungere un po' di cibo umido per rendere ogni pasto più appetitoso per il tuo cane.

Dieta cruda

"Nutro i miei Shiba con una dieta cruda, come farei per qualsiasi cane. Penso che stiano bene e vivano più a lungo con cibo crudo e appropriato. Ma so anche che molte persone danno cibi secchi ai loro Shiba, e anche loro vivono vite lunghe e sane."

CJ Strehle
JADE Shiba Inu

Per cani come lo Shiba Inu che hanno allergie alimentari, le diete crude possono aiutare a evitare che il tuo cane abbia una reazione allergica al grano e ai cibi trasformati. Le diete crude sono ricche di carni crude, ossa, verdure e specifici integratori. Alcuni dei benefici di una dieta cruda includono:

- Migliora il pelo e la pelle del tuo cane
- Migliora il sistema immunitario

- Migliora la salute (come risultato di una migliore digestione)
- Aumenta l'energia
- Aumenta la massa muscolare

Le diete crude sono destinate a dare al tuo cane il tipo di cibo che mangiava prima di essere addomesticato. Significa dare al tuo cane carni non cotte, ossi interi (non cotti) e un po' di latticini. Non include alcun tipo di cibo trasformato - nemmeno cibo cotto nella tua cucina.

Ci sono potenziali rischi in questa dieta. I cani sono stati addomesticati per millenni e il loro sistema digestivo si è evoluto di conseguenza. Cercare di riportarli al tipo di dieta che erano soliti mangiare non sempre funziona come previsto perché potrebbero non essere più in grado di digerirla completamente. Ci sono anche molti rischi nel nutrire i cani con pasti non cotti, in particolare se il cibo è stato contaminato. Cose come i batteri rappresentano un serio rischio e possono essere trasferiti a te se il tuo cane si ammala. Molti professionisti medici avvertono anche dei pericoli di dare ossi ai cani, anche se non sono cotti. Gli ossi possono scheggiarsi nella bocca del tuo cane, perforando l'esofago o lo stomaco.

Il Canine Journal fornisce molte informazioni sulla dieta cruda, incluso come far passare il tuo cane attuale a questa dieta e diverse ricette per il tuo cane.

Dieta fatta in casa

Se prepari regolarmente il tuo cibo (da zero, non con un microonde o un pasto in scatola), non ci vuole molto più tempo per fornire un pasto altrettanto sano per il tuo compagno.

Foto di
Ashley Antill

Leggi il Capitolo 4 per assicurarti di non dare mai al tuo Shiba Inu cibi che potrebbero essere dannosi o mortali per lui. Tenendo a mente i cibi che il tuo Shiba Inu assolutamente non dovrebbe mangiare, puoi mescolare un po' del cibo che prepari per te stesso nel pasto del tuo Shiba Inu. Assicurati solo di aggiungere un po' più di ciò di cui il tuo Shiba Inu ha bisogno nella ciotola del cucciolo. Anche se tu e il tuo Shiba Inu avete esigenze alimentari nettamente diverse, puoi adattare i tuoi cibi per includere nutrienti di cui il tuo cane ha bisogno.

Non nutrire il tuo Shiba Inu dal tuo piatto. Dividi il cibo, mettendo il pasto del tuo cane in una ciotola in modo che il tuo cane capisca che il tuo cibo è solo per te. I migliori pasti fatti in casa dovrebbero essere pianificati in anticipo in modo che il tuo Shiba Inu riceva il giusto equilibrio nutrizionale.

Tipicamente, il 50% del cibo del tuo cane dovrebbe essere proteine animali (pesce, pollame e frattaglie). Circa il 25% dovrebbe essere pieno di carboidrati complessi. Il restante 25% dovrebbe provenire da frutta e verdura, in particolare alimenti come zucca, mele, banane e fagiolini. Questi forniscono un sapore aggiuntivo che il tuo Shiba Inu probabilmente amerà, facendolo sentire sazio più velocemente, in modo che la possibilità di mangiare troppo sia ridotta.

Programmazione dei pasti

I cani da lavoro si aspettano un programma - e si aspettano che anche il cibo venga fornito secondo un programma stabilito, non importa cos'altro viene sconvolto. Il tuo Shiba Inu può essere indipendente, ma probabilmente si aspetterà che tu rispetti un programma, e questo include sicuramente gli orari dei pasti. Questa è una razza che non avrà problemi a farti sapere che sei in ritardo con il cibo. Se snack e spuntini sono qualcosa che stabilisci come normale fin dall'inizio, il tuo cane crederà che anche gli snack siano parte della routine e se li aspetterà.

Allergie alimentari e intolleranze

"Se iniziano a mordersi le zampe o hanno diarrea, potrebbe significare che potrebbero avere un'allergia alimentare."

Jan Hill
Dark Knight Shibas

Ogni volta che inizi a dare al tuo cane un nuovo tipo di cibo per cani (anche se è la stessa marca a cui il tuo cane è abituato, ma un sapore diverso), devi monitorarlo mentre si abitua. Gli Shiba Inu sono inclini a numerosi tipi di allergie, comprese le allergie alimentari. Ogni volta che cambi la dieta del tuo cane, devi monitorare eventuali indicazioni che il tuo cucciolo stia avendo una reazione allergica.

Le allergie alimentari nei cani tendono a manifestarsi come hot spot, che sono simili alle eruzioni cutanee negli umani. Il tuo cane potrebbe iniziare a grattarsi o a masticare punti specifici del suo corpo. Il suo pelo potrebbe iniziare a cadere intorno a quei punti.

Alcuni cani non hanno un singolo hot spot, ma l'allergia si manifesta su tutto il loro pelo. Se il tuo Shiba Inu sembra perdere più pelo del normale, porta il tuo cane dal veterinario per farlo controllare per allergie alimentari.

Gli Shiba Inu di solito non hanno stomaci sensibili, ma occasionalmente un povero cucciolo ha alcuni problemi digestivi. Attenersi a una dieta senza cereali può aiutare a garantire che il tuo Shiba Inu riceva la giusta nutrizione senza soffrire di intolleranze alimentari. Se dai al tuo cane qualcosa che il suo stomaco non può gestire, sarà probabilmente ovvio quando non riesce a trattenere gli intestini. Se è già educato a fare i bisogni fuori, probabilmente ansimerai o guairà per farti sapere che ha bisogno di uscire. Portalo fuori il più rapidamente possibile in modo che non abbia un incidente. A seconda del cane, la flatulenza potrebbe essere un'indicazione di un'intolleranza alimentare.

Poiché i sintomi di allergie e intolleranze alimentari possono essere simili alla reazione di un cane a carenze nutrizionali (in particolare una mancanza di grassi nella dieta di un cane), dovresti andare dal tuo veterinario se noti problemi con il pelo o la pelle del tuo cane.

CAPITOLO 14
Attivo o pigrone – A te la scelta

Foto di
Diane Leighton

Nonostante siano cani molto indipendenti, gli Shiba Inu sono flessibili. Per le persone che preferiscono stare a casa, possono adattarsi perfettamente e rilassarsi. Per le famiglie che amano uscire ed essere attive, gli Shiba Inu possono essere energici quanto degli adolescenti. La loro indipendenza non significa che non vogliano stare con la famiglia, significa solo che non ti staranno appiccicati. Amano stare con le loro persone e il loro branco, e vogliono sicuramente partecipare a qualsiasi divertimento tu stia avendo.

Dovrai assicurarti che il tuo Shiba Inu faccia almeno una passeggiata di 45 minuti-un'ora ogni giorno (e almeno un'altra passeggiata più breve). Possono anche stancarsi attraverso un addestramento più intenso. Naturalmente, le diverse fasce d'età hanno esigenze di esercizio differenti: i cuccioli (Capitolo 9) e i cani anziani (Capitolo 18) non avranno la resistenza per passeggiate così lunghe.

Data la sua intelligenza e il rischio che si annoi, vorrai mantenere il tuo Shiba Inu felicemente occupato o stanco. Questa può essere una sfida particolare poiché il tuo cane potrebbe non essere sempre dell'umore giusto per fare ciò che vuoi tu. Sebbene gli Shiba Inu possano essere molto individualisti, amano giocare con le loro persone la maggior parte del tempo. Più opzioni offri al tuo Shiba Inu, più sarà facile tenere il tuo amico lontano dai guai. Nei giorni in cui il tempo rende difficile fare esercizio all'aperto, puoi ripiegare sull'addestramento o altre divertenti attività al chiuso per sfogare un po' di quell'energia.

Esercizio – Le esigenze di attività

«Quando sono giovani, i cuccioli di Shiba hanno bisogno di molto riposo e momenti tranquilli. Non sono grandi sportivi fino ai 4-5 mesi d'età. Una volta cresciuti abbastanza, spesso faranno quello che viene chiamato lo Shiba 500... correre in giro per il giardino o la casa per scaricare energia. Da adulti, gli Shiba hanno bisogno di una lunga passeggiata 2-3 volte a settimana, o tempo per correre nel giardino ogni giorno per mantenere la mente vivace ed evitare comportamenti distruttivi.»

CJ Strehle
JADE Shiba Inu

Foto di
Gabe & Natty Hynes

Portare uno Shiba Inu nella tua casa significa che accetti di fare esercizio quotidiano, anche quando è ancora un cucciolo. I cani non vogliono comportarsi male, ma se si annoiano, i guai sono inevitabili. Fortunatamente, le loro dimensioni rendono abbastanza facile farli esercitare a sufficienza, così quando finalmente lasci il tuo cane a casa da solo, è improbabile che i tuoi mobili o altre cose vengano distrutti in tua assenza.

Poiché i problemi di peso sono direttamente correlati alla mancanza di esercizio, se il tuo cane sta aumentando di peso, potrebbe essere un segno che non si sta muovendo abbastanza. Fortunatamente, è facile correggere questa situazione; hai molte opzioni per assicurarti che il tuo cane faccia abbastanza attività fisica – è molto più facile (e più sano per il tuo amico) fare più cose con il tuo cane che limitarsi a misurare le calorie. Puoi persino sviluppare la resistenza di uno Shiba Inu fino al punto di farlo correre per diversi chilometri al giorno, e il tuo cane lo adorerà.

Un'ampia gamma di attività

Il loro aspetto e la personalità curiosa rendono gli Shiba Inu una razza popolare. L'attività più diffusa con questa razza è sicuramente l'escursionismo perché amano esplorare nuovi luoghi. Più attività diverse fai con il tuo cane, più sarete felici entrambi.

Escursionismo

La maggior parte degli Shiba Inu ama uscire ed esplorare nuove aree. Nonostante la loro piccola statura, gli Shiba Inu possono camminare fino a 16 chilometri in un giorno. Saranno più che felici di accompagnarti in queste escursioni, quindi non sarà difficile cercare di convincerli che sarà divertente. Dopo una gita all'aperto, il tuo Shiba Inu sarà più che felice di accoccolarsi per il resto della giornata e rilassarsi.

Per le escursioni, assicurati di portare una ciotola per l'acqua e un kit di pronto soccorso. Assicurati anche che il tuo Shiba Inu sia aggiornato con i trattamenti contro pulci e zecche. Avrà bisogno di un paio di mesi di trattamenti prima delle escursioni all'aperto. Inoltre, verifica che i cani siano ammessi nelle aree che intendi esplorare. Porta una mappa con te per non perderti – il tuo Shiba Inu vorrà andare dappertutto. Assicurati di tenere il tuo Shiba Inu al guinzaglio mentre esplori. L'istinto predatorio sarà al massimo durante un'escursione, quindi devi tenere il tuo cane al guinzaglio per mantenerlo al sicuro.

Jogging

«Correre e fare jogging sono ottimi esercizi in cui uno Shiba prospererà. O, almeno, una lunga camminata a passo svelto con momenti di gioco attivo e interattivo.»

Jeffrey Kellen
JAK Kennel

Nonostante le loro dimensioni, gli Shiba Inu sono fantastici compagni di jogging e possono andare molto più lontano rispetto alla maggior parte degli altri cani di piccola e media taglia. Nei giorni in cui devi andare al lavoro, una corsa al mattino è il modo perfetto per assicurarti che il tuo Shiba Inu sia troppo stanco per annoiarsi mentre sei fuori.

Dovrai iniziare lentamente dopo aver consultato il tuo veterinario riguardo alle uscite di jogging con il tuo cane. Si consiglia di correre su terra o terreno morbido perché il cemento e l'asfalto sono molto più duri per le articolazioni delle zampe. Se devi correre su superfici più dure, dai alle zampe del tuo cane un po' di tempo per acclimatarsi alla superficie. Potresti acquistare alcune lozioni speciali da usare su quei piccoli cuscinetti dopo le corse su superfici dure.

Pianifica di correre per circa 10 minuti almeno alcune volte. Non è un'azione naturale correre al guinzaglio, quindi il tuo cane dovrà abituarsi prima, soprattutto a non mordere il guinzaglio poiché è probabile che lo colpisca durante la corsa. Durante quei 10 minuti alterna un minuto di corsa e un minuto di camminata. Questo aiuterà il tuo cane a capire cosa stai cercando di fare. Col tempo, potrai iniziare a correre più che a camminare. Una volta che riesci a correre per un chilometro e mezzo intero senza camminare, potrai iniziare ad andare un po' più lontano fino a raggiungere alcuni chilometri.

Fai molta attenzione a correre quando fa caldo, e non correre quando fa molto caldo. Gli Shiba Inu hanno un doppio mantello, che li farà riscaldare molto più velocemente di te. Sudano ansimando, come tutti i cani, e questo non è efficiente con un mantello spesso. Se corri quando fa caldo, assicurati di portare acqua per il tuo Shiba Inu e lascia che il tuo cane beva almeno ogni chilometro e mezzo.

Hai bisogno di un guinzaglio o una pettorina molto robusti per correre con il tuo Shiba Inu poiché inseguirà qualsiasi piccolo animale che vede. Non vuoi che ti sloghi una spalla, rompa il guinzaglio o si faccia male se devia per cercare di inseguire piccoli animali.

Non arrabbiarti se il tuo cane vuole fermarsi ad annusare. Per lui è eccitante quanto la corsa stessa. Se vuoi correre senza interruzioni, potresti non voler correre con il tuo Shiba Inu, almeno non all'inizio.

Kayak e paddle board

Non ci sono molti cani in grado di farlo, ma lo Shiba Inu è il cane perfetto per uscire in acqua con te e godersi semplicemente il giro. Amerà farlo tanto quanto te, e il suo entusiasmo per qualcosa di così speciale ti farà sentire sicuramente benissimo. Gli Shiba Inu non sono noti per essere nuotatori particolarmente abili, ma saranno perfettamente felici di sedersi nel kayak o sul paddle board mentre tu fai tutto il lavoro.

Foto di Alayne Levine

Foto di
Helena Miltiadous

Avrai bisogno di un giubbotto di salvataggio per il tuo Shiba Inu, anche se stai uscendo in acque calme. Poiché la maggior parte delle attività di kayak e paddle board si svolgono in acque molto più mosse, devi assicurarti che il tuo piccolo amico sia al sicuro. È anche possibile che tu possa capovolgerti, quindi assicurati che il tuo Shiba Inu rimanga a galla mentre tu cerchi di raddrizzare l'imbarcazione.

Puoi esercitarti lasciando che il tuo cane esplori il kayak o il paddle board a casa. Mettilo in giardino o nel vialetto e lascia che lo annusi. Assicurati che il tuo cane non urini sull'imbarcazione. Il tuo cucciolo potrebbe anche avere troppa paura per salire sull'imbarcazione. Rassicuralo con parole e tono positivi mentre lo porti e sali sull'imbarcazione. Lascia che il tuo cane si abitui a questo mentre siete a terra, così non sarà troppo da assimilare quando raggiungerete l'acqua.

Sii preparato al fatto che le prime volte saranno incredibilmente emozionanti, quindi probabilmente il tuo cane non starà fermo. Questo significa che dovrai andare in un posto con acque calme in modo che il tuo cane possa abituarsi alla sensazione.

Agility training

Meglio conosciuto come percorsi a ostacoli, l'agility training è un ottimo modo per mantenere il tuo cane adulto in movimento e felice. Hai la possibilità di guidare il tuo cane attraverso il percorso, contribuendo non solo a rafforzare il vostro legame, ma anche a dare al tuo cane la possibilità di sentirsi più a suo agio quando è fuori casa, o almeno di imparare che non ha bisogno di cercare di dominare tutti nell'area. Poiché sei tu ad avere il controllo, e il tuo cane probabilmente sarà confuso all'inizio, preparati a sembrare un po' sciocco all'inizio. L'obiettivo è divertirsi e mantenere il tuo cane impegnato, quindi ottenere e mantenere la sua attenzione è la chiave per avere successo.

Si consigliano due o tre ore di tempo dedicato a settimana, con una di queste ore dedicata a un corso settimanale. Più ti alleni a casa, meglio farà il tuo cane in questo sport.

Gioco! E ancora gioco!

«Inseguire una palla o un giocattolo è un buon modo per bruciare quell'energia, assicurandosi che il terreno sia buono (cioè erba o ghiaia, non scivoloso). Giocare alla stessa ora ogni giorno è un buon modo per creare una routine. Pratica il 'richiamo' usando un premio durante il gioco, ma non smettere di giocare. In questo modo il cucciolo non assocerà l'essere chiamato con la fine del divertimento.»

Susan Norris-Jones
SunJo Shiba Inu & Japanese Chin

Solo perché c'è maltempo non significa che i livelli di energia del tuo cane saranno più bassi, o che la noia non si farà sentire, quindi dovrai pianificare di mantenere costante il programma di esercizio del tuo cane, anche quando sei bloccato in casa. Naturalmente, se puoi far giocare il tuo cane nella neve in un giardino, sarà fantastico perché potrà stancarsi da solo nel suo entusiasmo. Durante la pioggia e il caldo, devi trovare le attività giuste per stancare il tuo cane senza uscire all'aperto per periodi prolungati. Ecco alcune alternative per aiutare a sfogare l'energia del tuo Shiba Inu.

1. Lascia che il tuo Shiba Inu insegua un puntatore laser. Questo funziona per alcuni Shiba Inu, ma non per tutti. Se il tuo cane sembra inter-

essato, questo può tenerlo felicemente occupato per tutto il tempo che vuoi giocare o finché non si annoia.

2. Nascondino è un gioco a cui puoi giocare una volta che il tuo cane conosce il comportamento corretto in casa, che tu gli faccia trovare te o un giocattolo preferito che hai nascosto.

3. I giochi di intelligenza sono un ottimo modo per far muovere il tuo cane senza che tu debba fare molto. Molti dei giochi vengono con premi, e conoscendo gli Shiba Inu, non ci vorrà molto prima che il tuo cane capisca come estrarre il cibo dal giocattolo, quindi assicurati di alternare vari puzzle durante il gioco. Usa questo tipo di giocattoli con parsimonia per evitare di accumulare calorie extra.

4. Gli Shiba Inu amano giocare con diversi tipi di palle, da quelle di gomma ai palloni da calcio. Tieni a disposizione un set diverso solo per te e il tuo cane per giocare a qualsiasi gioco il tuo Shiba Inu sia interessato a fare. Se vuole giocare a riporto, usa una palla piccola. Se vuole giocare con qualcosa di più grande, adattati. Lascia che il tuo Shiba Inu decida cosa ha voglia di fare, così potrete divertirvi entrambi.

CAPITOLO 15
Toelettatura – Un momento di legame produttivo

"Gli Shiba perdono pelo un paio di volte all'anno, quindi hanno bisogno di essere spazzolati spesso per evitare che il pelo finisca sui mobili e sui vestiti. Il loro mantello non necessita di tosatura, essendo corto e soffice, e non si annoda né si aggroviglia. Il pelo esterno ruvido respinge sporco e pioggia, mentre il sottopelo li tiene al caldo quando fa freddo, così possono stare all'aperto per una passeggiata o per correre in giardino, senza bisogno di cappottini o maglioni."

CJ Strehle
JADE Shiba Inu

Quel doppio mantello che cattura l'attenzione richiede sicuramente più lavoro rispetto alla toelettatura di molti cani di taglia piccola o media, ma gli Shiba Inu sono anche abili a pulirsi da soli, proprio come i gatti. Alcuni potrebbero offendersi se pensi di doverli pulire, come se stessi criticando le loro capacità. Nonostante questo, dovrai comunque tagliare il loro pelo in determinati periodi dell'anno, e hanno bisogno di un bagno occasionale.

Iniziare sessioni regolari di toelettatura quando il tuo Shiba Inu è ancora cucciolo renderà questo compito molto più facile in futuro. Poiché sono soggetti ad allergie, è comune che gli Shiba Inu abbiano problemi con il mantello. Una toelettatura regolare ti aiuterà a individuare potenziali problemi fin dall'inizio.

Data la loro popolarità, puoi trovare molti consigli extra online. Questo capitolo fornisce una base per assicurarti che il mantello del tuo Shiba Inu sia pulito e sano, ma sentiti libero di cercare ulteriori modi per far risplendere davvero il pelo se hai il tempo per dedicarti a cure aggiuntive.

Strumenti per la toelettatura

Non hai bisogno di molti strumenti per spazzolare correttamente il tuo Shiba Inu. Assicurati di avere a portata di mano i seguenti articoli prima che arrivi il tuo cucciolo o cane adulto:

- Spazzola a setole o a spilli per il mantello
- Spazzola per sottopelo o rastrello per sottopelo (questo articolo è opzionale, ma può aiutare a ridurre la perdita di pelo)
- Shampoo (consulta Barkspace per le ultime raccomandazioni per una razza con potenziali problemi cutanei) – usa shampoo delicati
- Tagliaunghie
- Spazzolino e dentifricio (consulta l'Ente Nazionale della Cinofilia Italiana per le ultime raccomandazioni)

Gestione del mantello

Sebbene sia fortemente consigliata una spazzolatura settimanale per limitare la perdita di pelo, se inizi a spazzolare il tuo cane quando è cucciolo, non sarà un compito così gravoso quando sarà adulto. Questo è fantastico considerando quanto tempo dedicherai ad altre attività, in particolare all'esercizio fisico e all'addestramento. Durante le stagioni di muta, dovrai spazzolare il suo mantello un po' più spesso per ridurre la quantità di pelo che vola per casa.

Cuccioli

Quando sono cuccioli, i mantelli degli Shiba Inu sono abbastanza facili da gestire. La spazzolatura quotidiana non solo può ridurre la quantità di pelo che il tuo cucciolo perde, ma ti aiuta anche a creare un legame con lui. Sì, sarà un po' impegnativo all'inizio perché i cuccioli non stanno fermi per lunghi periodi. Ci saranno molti movimenti e tentativi di gioco. Cercare di spiegare al tuo cucciolo che la spazzola non è un giocattolo chiaramente non funzionerà, quindi preparati a essere paziente durante ogni sessione di spazzolatura.

D'altra parte, il tuo cucciolo sarà così adorabile che probabilmente non ti dispiacerà che ci voglia un po' più di tempo. E questo sarà uno dei pochi momenti in cui lasciare che il tuo cucciolo si sieda sulle tue gambe non ti farà addormentare le gambe (probabilmente ci proverà anche da adulto, quindi goditi questo momento finché dura). Assicurati solo di far capire al tuo cucciolo che questo è un impegno serio e che il gioco viene dopo la toelettatura. Altrimenti, il tuo Shiba Inu cercherà sempre di giocare, il che renderà la spazzolatura molto più dispendiosa in termini di tempo – potenzialmente al limite dell'impossibile considerando quanto sarà grande quando raggiungerà i 24 mesi di età. Pianifica di spazzolare il tuo cucciolo dopo una sessione di esercizio vigoroso in modo che il tuo Shiba Inu abbia molta meno energia per lottare o giocare.

Devi anche abituare il tuo cucciolo ad asciugare il pelo. Con un mantello così spesso, devi assicurarti che non ci sia troppa acqua in eccesso intrappolata nel secondo strato. Incoraggia il tuo cucciolo a scuotersi dopo il bagno, poi asciugalo con un asciugamano. Continua a lodare il tuo cucciolo mentre lo fai, e concedi qualche sessione extra di scuotimento per far risalire l'acqua in superficie. Se hai tempo e vuoi usare un asciugacapelli, puoi farlo usando l'impostazione per il calore basso o medio, ma fai attenzione a non asciugare eccessivamente nessuna parte del mantello.

Cani adulti

"Il loro mantello è molto impermeabile, ma se si bagnano fino alla pelle, è importante asciugarli per evitare problemi fungini o dermatiti. Non usare cappotti, poiché trattengono calore e umidità. Gli Shiba non hanno bisogno di protezioni artificiali contro le intemperie - sono stati sviluppati come robusti cacciatori da esterno."

Susan Norris-Jones
SunJo Shiba Inu & Japanese Chin

Si consiglia di spazzolare settimanalmente a causa della quantità di pelo che gli Shiba Inu perdono; hanno due mantelli, quindi perderanno pelo durante la primavera e l'autunno quando il tempo cambia. Se addestri correttamente il tuo cucciolo su come comportarsi, spazzolarlo sarà facile quando sarà adulto.

Foto di
Pervie Villareal

Se hai adottato un adulto, potrebbe volerci un po' di tempo per abituare il cane a essere spazzolato frequentemente. Se all'inizio non riesci a far sentire il tuo cane a suo agio con la spazzolatura, puoi inserirla nella tua routine, come l'addestramento.

Mantieni la stessa routine di asciugatura per assicurarti che il mantello del tuo cane non abbia troppa acqua residua dopo il bagno.

Cani anziani

Come per le sessioni di esercizio, la toelettatura dovrà essere più frequente ma per periodi più brevi. Spazzolare ogni 2 o 3 giorni e concentrarsi su una parte diversa del corpo aiuterà a mantenere il mantello del tuo cane ben curato senza costringerlo a stare in piedi per lunghi periodi. Usa una spazzola più morbida con punte in plastica all'estremità delle setole perché sono più delicate sulla pelle del tuo cane.

Le sessioni di toelettatura sono un buon modo per controllare eventuali problemi mentre fai un bel massaggio al tuo cane anziano per alleviare qualsiasi dolore, oltre a essere un ottimo modo per trascorrere del tempo insieme. Mentre spazzoli il tuo cane, cerca eventuali cambiamenti della pelle, come protuberanze o noduli adiposi. Questi dovrebbero essere menzionati al veterinario durante una visita regolare se sono molto grandi.

Allergie

Se il tuo Shiba Inu soffre di dermatiti o se noti che il suo mantello si assottiglia durante le sessioni di toelettatura, fai attenzione a questi altri problemi, che potrebbero essere un segno di allergie:

- Le ferite impiegano più tempo a guarire
- Sistema immunitario debole
- Dolori articolari
- Caduta dei peli
- Infezioni alle orecchie

La spazzolatura regolare assicura che tu sia più consapevole dello stato del mantello del tuo Shiba Inu, il che può aiutarti a identificare più rapidamente quando il tuo cane soffre di allergie. Se noti questi problemi, porta il tuo Shiba Inu dal veterinario.

Ora del bagno

"Non fare bagni frequenti – la pelle degli Shiba non è oleosa e può seccarsi."

Susan Norris-Jones
SunJo Shiba Inu & Japanese Chin

Date le dimensioni degli Shiba Inu e i loro mantelli corti, un bagno ogni tre mesi dovrebbe essere più che sufficiente per mantenere il tuo cane pulito, specialmente se lo spazzoli settimanalmente. Programma

Foto di
Instagram@nova.inu

il bagno circa una volta a trimestre (quattro volte all'anno), e il tuo cane dovrebbe essere felice. Naturalmente, se il tuo Shiba Inu si sporca (cosa che può accadere ogni volta che vai a esplorare o a fare escursioni), dovrai prenderti il tempo di fare il bagno al tuo cane dopo ciascuno di questi eventi. Assicurati che l'acqua non sia fredda o calda, ma piacevolmente tiepida.

1. Prepara tutto ciò di cui avrai bisogno in un unico posto prima di iniziare, poi verifica di avere tutto prima di prendere il tuo Shiba Inu. Come minimo, ti servono:

   a. Shampoo e balsamo

   b. Tazza per versare l'acqua (se fai il bagno nella vasca)

   c. Asciugamani

   d. Spazzole per dopo la procedura di asciugatura

   e. Tappetino antiscivolo se usi una vasca

Se fai il bagno al tuo cane all'aperto, avrai bisogno di secchi e altri articoli.

2. Porta il tuo Shiba Inu a fare una passeggiata. Questo stancherà il tuo cane e gli farà sentire un po' più caldo, il che renderà il bagno meno odiato – forse persino apprezzato.

3. Fai scorrere l'acqua, assicurandoti che la temperatura sia tiepida, ma non calda, specialmente se hai appena finito una passeggiata. Se lo

Foto di
Alayne Levine

stai lavando nella vasca da bagno, ti serve solo abbastanza acqua da coprire fino allo stomaco del tuo cane. Non coprire completamente il corpo del tuo cane.

4. Solleva il tuo cane e parla con voce forte e sicura – non usare un tono infantile, il tuo Shiba Inu ha bisogno di una guida sicura, non di essere trattato come un bambino.

5. Metti il cane nella vasca e usa la tazza per lavarlo. Non usare troppo sapone – non è necessario.

6. Parla al tuo cane mentre lo stai lavando, tenendo presente che devi parlare con sicurezza, non con un tono acuto.

7. Assicurati di non far entrare acqua negli occhi o nelle orecchie del tuo cane. Non è necessario bagnare la parte superiore della testa del tuo cane. Usa una mano bagnata e strofina delicatamente, non versare acqua sulla testa del tuo cane.

8. Prendi il tuo Shiba Inu e asciugalo con un asciugamano. Dovrai dedicare un bel po' di tempo a questo a causa del doppio mantello.

9. Spazzola il tuo cane quando hai finito.

Puoi usare queste pratiche con altri tipi di bagno, come all'aperto o in una struttura di lavaggio pubblica, modificandole in base agli strumenti che hai a disposizione.

Le prime volte che fai il bagno al tuo cane, presta attenzione alle cose che lo infastidiscono o lo spaventano. Se ha paura dell'acqua corrente, assicurati di non far scorrere l'acqua quando il tuo cane è nella vasca. Se si muove molto quando inizi ad applicare lo shampoo, potrebbe indicare che l'odore è troppo forte. Devi modificare la procedura per renderla il più confortevole possibile per il tuo cane.

Tieni presente che devi essere paziente e calmo durante il bagno. Se ti arrabbi o sfoghi la tua frustrazione sul tuo cane, renderai tutti i bagni futuri molto più difficili poiché il tuo cane inizierà a non fidarsi più di te. Non è una lotta per la dominanza, è un'onesta mancanza di comprensione del perché lo stai torturando quando lui fa già così tanto per pulirsi da solo. Mantieni un tono calmo e amorevole mentre lavi il tuo cane per rendere un po' più facile la prossima volta. Certo, il tuo Shiba Inu potrebbe abbaiare, fare i capricci o dimenarsi eccessivamente, ma più serenamente la prendi, più il cane imparerà che è semplicemente una parte dell'essere nel branco.

Pulizia di occhi e orecchie

Quando fai il bagno al tuo Shiba Inu, fai attenzione a non far entrare acqua nelle sue orecchie. Dovresti anche prendere l'abitudine di controllare le sue orecchie una volta alla settimana per assicurarti che siano sane. Potrebbe avere allergie che rendono l'interno delle orecchie rosso. Un tampone caldo e umido può essere usato sulla parte superficiale dell'orecchio. Se il rossore non migliora in un giorno, prendi un appuntamento per andare dal veterinario. Se vedi accumulo di cerume, puoi pulirlo molto delicatamente. Non mettere mai nulla nelle orecchie del tuo cane.

Gli Shiba Inu hanno diverse condizioni genetiche degli occhi (Capitolo 17), quindi prenditi sempre il tempo di controllare gli occhi del tuo cane mentre lo stai spazzolando. La cataratta è un problema abbastanza comune per tutti i cani con l'avanzare dell'età. Se vedi occhi offuscati, fai controllare il tuo Shiba Inu. Se sta sviluppando cataratte, dovresti portare il cane a farle rimuovere perché le cataratte possono portare alla cecità.

Taglio delle unghie

"Le unghie possono essere un grande problema con gli Shiba - si sentono intrappolati quando vengono tenute le zampe. Inizia da giovane, e taglia la punta delle unghie ogni settimana. L'uso di un Dremel è spesso più tollerato (attenzione che i tamburi possono diventare caldi e bruciare - è disponibile un tamburo diamantato che rimane fresco)."

Susan Norris-Jones
SunJo Shiba Inu & Japanese Chin

Tagliare le unghie degli Shiba Inu può essere difficile perché alcuni hanno unghie nere o può essere difficile capire quanto è troppo, il che significa che potresti tagliarne troppe e causare il sanguinamento della parte viva. È meglio far tagliare le unghie del tuo cane da un esperto finché non puoi capire come si fa. Se non hai mai tagliato le unghie di un cane prima, devi imparare da un professionista poiché le unghie possono sanguinare molto se fatto male. Poiché può essere difficile capire fino a che punto arrivare sulle unghie di uno Shiba Inu, devi imparare da un esperto prima di provare da solo. Se sai già come tagliare le unghie di un

Vanessa RICHIE | Il grande libro del Shiba Inu

cane, assicurati di avere della polvere emostatica nelle vicinanze nel caso in cui ne tagli troppe.

Per sapere quando il tuo cane ha bisogno di tagliare le unghie, fai attenzione quando cammina su superfici dure per assicurarti che le sue unghie non facciano clic. Se lo fanno, dovresti aumentare la frequenza con cui fai tagliare le unghie del tuo cane. Come regola generale, si consiglia una volta al mese.

Salute orale e spazzolatura dei denti del tuo cane

Gli Shiba Inu hanno bisogno di spazzolare i denti spesso per evitare problemi dentali, e probabilmente vorrai imparare a farlo da solo piuttosto che dover andare in un negozio una volta alla settimana. È anche bello sapere come farlo se il suo alito puzza o se mangia qualcosa che ha un odore sgradevole.

Ancora una volta, devi imparare a essere paziente ed evitare che diventi una lotta totale con il tuo cane. Fermezza e coerenza con una buona dose di pazienza è il modo per far sì che uno Shiba Inu finalmente accetti di fare le cose a modo tuo. Cercherà sempre modi per ottenere ciò che vuole, quindi devi fargli sapere che non c'è modo di evitare la spazzolatura, ma non è un'attività minacciosa.

Usa sempre un dentifricio fatto per cani. Il dentifricio umano può essere tossico. Il sapore del dentifricio per cani renderà anche più facile spazzolare i denti del tuo cane – o almeno divertente mentre cerca di mangiarlo. Per iniziare a spazzolare i denti del tuo cane:

1. Metti un po' di dentifricio sul dito e porgilo al tuo cane.
2. Lascia che il tuo cane lecchi il dentifricio.
3. Loda il tuo cane per aver provato qualcosa di nuovo.
4. Metti un po' di dentifricio sul dito, solleva il labbro superiore del tuo cane e inizia a strofinare in cerchi lungo le gengive del tuo Shiba Inu. È molto probabile che il tuo cane renderà difficile il compito cercando costantemente di leccarti il dito. Loda il tuo cucciolo quando non si dimena troppo.
   a. Cerca di muoverti con un movimento circolare. Sarà molto complicato, specialmente con quei denti da latte affilati.

b. Cerca di tenere fermo il cucciolo senza metterlo in una morsa. Man mano che il tuo cucciolo cresce, avrai bisogno che sappia come sedersi volontariamente per la pulizia.

c. Cerca di massaggiare sia le gengive superiori che quelle inferiori. È probabile che le prime volte non riuscirai a fare molto più che mettere il dito in bocca al tuo cane, e va bene così. Col tempo, il tuo cucciolo imparerà ad ascoltare mentre l'addestramento in altri ambiti aiuta il tuo cane a capire quando stai dando comandi.

5. Rimani positivo. No, probabilmente non sarai in grado di pulire correttamente i denti del cucciolo per un po', e questo va perfettamente bene finché continui a lavorarci con pazienza e costanza.

Una volta che il tuo cane sembra a suo agio con te che gli spazzoli i denti con il dito, prova gli stessi passaggi con uno spazzolino. Potrebbe essere una storia simile all'inizio, ma non dovrebbe richiedere così tanto tempo. Potrebbero volerci un paio di settimane prima di poter passare a uno spazzolino, ma anche se ci volesse così tanto, è comunque un ottimo momento per creare un legame.

CAPITOLO 16

Problemi generali di salute: allergie, parassiti e vaccinazioni

I fattori ambientali determinano in gran parte se il tuo cane contrae parassiti o meno. Per esempio, se vivi vicino a una zona boschiva, il tuo cane è più a rischio di zecche rispetto a un cane che vive in città. Parla con il tuo veterinario dei particolari rischi ambientali per il tuo cane.

Il ruolo del tuo veterinario

Dalle vaccinazioni annuali ai controlli sanitari, le visite regolari dal veterinario assicureranno che il tuo Shiba Inu rimanga in salute. Poiché lo Shiba Inu può essere piuttosto indifferente alle attenzioni, potresti trovare un po' più difficile capire quando non si sente bene, finché non è il momento di fare qualcosa di eccitante. Se il tuo Shiba Inu non sembra entusiasta come al solito per la passeggiata, l'escursione o altre attività che normalmente ama, è probabile che non si senta bene. Le visite annuali dal veterinario garantiranno che non ci siano problemi che stanno lentamente prosciugando l'energia o la salute del tuo cane.

I controlli sanitari assicurano anche che il tuo Shiba Inu stia invecchiando bene. Se ci sono sintomi precoci di
qualcosa di potenzialmente problema-
tico nel tuo cane nel corso degli anni
(come l'artrite), una diagnosi precoce ti
permetterà di iniziare ad apportare modifiche tempestivamente. Il veterinario
può aiutarti a trovare modi per gestire
il dolore e i problemi che accompagna-
no il processo di invecchiamento e sarà

*Foto di
Jerry Simek*

in grado di consigliarti adattamenti alla routine per venire incontro al corpo
che invecchia e alle capacità in diminuzione del tuo cane. Questo garantirà
che possiate continuare a divertirvi insieme senza far male al tuo cane.

I veterinari possono fornire trattamenti e/o farmaci preventivi per i
diversi parassiti e minacce microscopiche che il tuo cane potrebbe incontrare quando è all'aperto, durante le interazioni con altri cani o dall'esposizione ad animali fuori dalla tua casa.

Allergie

Come le persone, anche i cani possono avere allergie, e gli Shiba Inu
sono spesso colpiti da questo problema. Può essere difficile capire quando un cane sta avendo una reazione allergica. Il nome scientifico per le
allergie ambientali è dermatite atopica, ma è più difficile determinare se
il problema è legato all'ambiente o al cibo che stai dando al tuo cane. I
sintomi tendono ad essere simili nei cani per entrambi i tipi di allergie:

- Prurito/grattarsi, in particolare intorno al muso
- Hot spot (aree di dermatite acuta umida)
- Infezioni alle orecchie
- Infezioni cutanee
- Occhi e naso che colano (non comune)

La toelettatura del tuo cane è un ottimo momento per prestare attenzione a molti di questi potenziali problemi.

I cani spesso sviluppano allergie quando hanno tra 1 e 5 anni. Una
volta che sviluppano allergie, i cani non superano il problema. Di solito
le allergie canine sono legate all'esposizione cutanea, ma alcuni cani possono essere allergici all'inalazione di particelle microscopiche, come polvere, muffe e pollini.

Poiché i sintomi sono gli stessi per le allergie alimentari e ambientali, dovrai parlare con il tuo veterinario per determinare la causa. Se il tuo cane ha un'allergia alimentare, tutto ciò che devi fare è cambiare il cibo che gli dai. Se ha un'allergia ambientale, avrà bisogno di farmaci, proprio come gli umani. Per questo motivo, devi sapere se il problema deriva da qualcosa di stagionale (come il polline) o da qualcosa di perenne, così saprai quando trattare il tuo cane.

Come per gli umani, eliminare completamente il problema non è davvero ragionevole – c'è solo un limite a quanto puoi modificare l'ambiente intorno al tuo cane. Ci sono diversi tipi di farmaci che possono aiutare il tuo cane a diventare meno sensibile agli allergeni.

- **Antibatterici/Antifungini** – Shampoo, pillole e creme di solito non trattano l'allergia, ma i problemi che derivano dalle allergie, come le infezioni batteriche e da lieviti.

- **Antinfiammatori** – Questi sono farmaci orali da banco paragonabili ai farmaci per le allergie per le persone. Dovrai fare attenzione se usi questi farmaci, monitorando il tuo cane per vedere se ha effetti avversi. Non iniziare a dare al tuo cane alcun farmaco senza prima consultare il veterinario. Se il tuo cane ha una reazione negativa, come letargia, diarrea o disidratazione, dovresti consultare il tuo veterinario.

- **Immunoterapia** – Una serie di iniezioni può aiutare a ridurre la sensibilità del tuo cane a qualsiasi cosa a cui sia allergico. Questo è qualcosa che puoi fare a casa, quindi non avrai bisogno di portare il tuo cane dal veterinario per completare la serie. Impara come fare le iniezioni dal tuo veterinario, e poi potrai scoprire come ottenere le iniezioni per la tua zona. Gli scienziati stanno anche sviluppando una versione orale del farmaco per rendere più facile prendersi cura del tuo cane.

- **Topici** – Questo tipo di farmaco tende ad essere un tipo di shampoo e balsamo che rimuoverà qualsiasi allergene dal pelo del tuo cane. Fare un bagno tiepido (non caldo) al tuo cane può anche aiutare ad alleviare il prurito.

Parla con il tuo veterinario dei farmaci disponibili per il tuo cane per determinare il miglior trattamento per la tua situazione e le esigenze del tuo Shiba Inu.

Allergie inalanti e ambientali

Le allergie inalanti sono causate da cose come polvere, polline, muffe e persino forfora di cane. La reazione di un cane tende ad essere diversa da quella di una persona. Invece di starnutire e avere il naso che cola, i cani tendono a provare più prurito a causa dell'allergia. Il tuo cane potrebbe grattarsi in un particolare punto caldo o potrebbe iniziare a strofinare gli occhi e le orecchie. Alcuni cani hanno il naso che cola e starnutiscono in modo prolifico, ma questo è di solito in aggiunta al grattarsi.

Allergie da contatto

Le allergie da contatto significano che il tuo cane ha toccato qualcosa che scatena una reazione allergica. Cose come la lana, i prodotti chimici in un trattamento antipulci e certi tipi di erba possono provocare irritazione nella pelle di un cane, causando persino scolorimento. Se non trattata, la reazione allergica può iniziare a emettere forti odori e causare la perdita del pelo.

Come le allergie alimentari, le allergie da contatto sono facili da trattare perché una volta che sai cosa sta irritando la pelle del tuo cane, puoi rimuovere il problema.

Pulci e zecche

Dato quanto gli Shiba Inu amano stare all'aperto, sono a rischio molto maggiore sia di zecche che di pulci rispetto a molti altri cani, e nessuno dei due parassiti è facile da vedere perché uno Shiba Inu ha un mantello scuro. Pertanto, non puoi permetterti alcuna interruzione nel trattamento anti-pulci e zecche, nemmeno in inverno.

Foto di Cheryl Carleton

Prendi l'abitudine di controllare le zecche dopo ogni uscita nei boschi, o vicino all'erba alta o alle piante selvatiche. Passa il pettine attraverso il pelo del tuo cane e controlla la sua pelle per irritazioni e parassiti. Poiché lo farai spesso, dovresti essere in grado di notare quando c'è un cambiamento, come un nuovo rigonfiamento, per esempio. Poiché il tuo cane sarà molto felice di passare del tempo con te, il controllo della pelle non dovrebbe richiedere molto tempo.

Le pulci sono problematiche perché sono molto più mobili delle zecche. Il modo migliore per cercare le pulci è renderlo una parte regolare delle tue sessioni di spazzolatura. Puoi anche cercare indicatori comportamentali, come grattarsi e leccarsi incessantemente. Dovrai usare prodotti preventivi contro le pulci regolarmente una volta che il tuo cucciolo raggiunge un'età appropriata.

Che tu stia pensando di acquistare trattamenti che devono essere applicati mensilmente o un collare per una protezione costante, devi controllare se il trattamento contiene isoxazolina (inclusa in Bravecto, Nexgard, Credelio e Simparica) perché questo ingrediente può avere un effetto avverso sugli animali domestici. Mentre altri ingredienti sono sicuri per gli animali domestici quando usati nelle dosi appropriate, se usi un prodotto destinato a un cane più grande, può essere tossico per il tuo cane. Consulta il tuo veterinario sui trattamenti consigliati per assicurarti di ottenere la dose giusta di repellente per pulci e zecche per le dimensioni e le esigenze del tuo cane. Quando inizi ad applicare il trattamento, monitora il tuo cane per i seguenti problemi:

- Diarrea/vomito
- Letargia
- Tremori
- Convulsioni

Porta il tuo cane dal veterinario se noti uno qualsiasi di questi problemi.

Non usare mai un prodotto progettato per un cane su un gatto o viceversa. Se il tuo cane è malato, incinta o sta allattando, potresti dover cercare un trattamento alternativo. I collari antipulci generalmente non sono raccomandati perché sono noti per causare problemi agli animali domestici e alle persone. Se hai un gatto o bambini piccoli, dovresti scegliere una delle altre opzioni per tenere pulci e zecche lontane dal tuo cane. Questo perché i collari antipulci contengono un ingrediente letale per i felini e che si ritiene possa essere cancerogeno per gli umani.

Quando acquisti un trattamento antipulci, assicurati di leggere la confezione per scoprire qual è il momento giusto per iniziare a trattare il tuo cane in base alla sua età e dimensione attuale. Marche diverse hanno raccomandazioni diverse, e non vuoi iniziare a trattare il tuo cucciolo troppo presto. Ci sono anche passaggi molto importanti per applicare il trattamento. Assicurati di comprendere tutti i passaggi prima di acquistare il trattamento antipulci.

Se vuoi usare prodotti naturali invece di quelli chimici, metti da parte qualche ora per ricercare le alternative e scoprire cosa funziona meglio per il tuo Shiba Inu. Verifica che qualsiasi prodotto naturale funzioni prima di acquistarlo e assicurati di consultare il tuo veterinario. Stabilire un programma regolare e aggiungerlo al calendario ti aiuterà a ricordare di trattare costantemente il tuo cane ogni mese.

Vermi parassiti

Sebbene i vermi siano un problema meno comune delle pulci e delle zecche, possono essere molto più pericolosi. Il tuo cane può ammalarsi a causa di vermi che sono trasportati da pulci e zecche. Ci sono diversi tipi di vermi di cui dovresti essere consapevole:

- Filaria cardiopolmonare
- Anchilostomi
- Ascaridi
- Tenie
- Tricocefali

Sfortunatamente, non esiste un insieme di sintomi facilmente riconoscibili per aiutare a identificare quando il tuo cane ha i vermi. Tuttavia, puoi tenere d'occhio questi sintomi, e se il tuo cane li mostra, programma una visita dal veterinario.

- Il tuo Shiba Inu è inaspettatamente letargico per almeno alcuni giorni.
- Chiazze di pelo iniziano a cadere (questo sarà evidente se spazzoli regolarmente il tuo Shiba Inu) o se noti spazi irregolari nel mantello del tuo cane.
- Lo stomaco del tuo cane diventa disteso (si espande) e sembra una pancia gonfia.
- Il tuo Shiba Inu inizia a tossire, vomitare, ha diarrea o ha una perdita di appetito.

Se non sei sicuro di qualsiasi sintomo, è sempre meglio andare dal veterinario il prima possibile per un controllo.

Filaria cardiopolmonare

La filaria cardiopolmonare rappresenta una minaccia significativa per la salute del tuo cane e può essere mortale in quanto può sia rallentare che bloccare il flusso sanguigno. Dovresti trattare attivamente il tuo cane con una protezione contro la filaria per assicurarti che questo parassita non trovi dimora nel tuo cane.

Fortunatamente, la filaria è tra i problemi di salute più facili da prevenire. Ci sono farmaci che possono assicurare che il tuo Shiba Inu non contragga la filaria. Per prevenire questo problema molto serio, puoi dare al tuo cane un farmaco masticabile, una medicina topica, o puoi richiedere iniezioni.

Questo particolare parassita è trasportato dalle zanzare, che sono quasi impossibili da evitare nella maggior parte delle regioni del Paese. Poiché la filaria è potenzialmente mortale, prendere misure preventive è essenziale.

Se un cane ha la filaria, la condizione è costosa e richiede tempo per essere trattata e curata, ma varrà tutto il lavoro a causa di quanto sono straordinari i cani.

1. Il veterinario prima preleverà il sangue per condurre test, che possono costare fino a 1.000 euro.

2. Il trattamento inizierà con alcuni farmaci iniziali, inclusi antibiotici e farmaci antinfiammatori.

3. Dopo un mese di farmaci iniziali, il tuo veterinario darà al tuo cane tre iniezioni nel corso di due mesi.

Dal momento in cui il veterinario conferma che il tuo cane ha la filaria fino a quando dice che il tuo cane è libero dal parassita, devi mantenere il tuo cane calmo. Il tuo veterinario ti dirà come far esercitare al meglio il tuo cane durante questo periodo. Considerando che il tuo Shiba Inu è probabilmente energico, questo sarà un periodo molto difficile sia per te che per il tuo cane. Dovrai fare attenzione quando il tuo cane fa esercizio perché i vermi sono nel cuore del tuo cane, inibendo il flusso sanguigno. Pertanto, far pompare troppo il cuore del tuo cane può ucciderlo.

Il trattamento continuerà dopo che le iniezioni sono completate. Dopo circa 6 mesi, il tuo veterinario condurrà un altro esame del sangue per assicurarsi che i vermi siano scomparsi.

Una volta che il tuo cane è libero dai parassiti, dovrai essere vigile nel somministrare farmaci al tuo cane contro la filaria. Assicurati che il tuo povero piccolo non soffra di nuovo. Ci saranno danni duraturi al cuore del tuo cane, quindi dovrai assicurarti che il tuo cane non faccia troppo esercizio.

Vermi intestinali: anchilostomi, ascaridi, tenie e tricocefali

Tutti e quattro questi vermi prosperano nel tratto intestinale del tuo cane, e ci arrivano quando il tuo cane mangia qualcosa contaminato da essi. I seguenti sono i modi più comuni in cui i cani ingeriscono vermi:

- Feci
- Piccoli ospiti, come pulci, scarafaggi, lombrichi e roditori
- Terreno, incluso leccarlo dal loro pelo e zampe
- Acqua contaminata
- Latte materno (se la madre ha i vermi, può trasmetterli ai cuccioli quando mangiano)

I seguenti sono i sintomi e i problemi più comuni causati dai parassiti intestinali:

- Anemia
- Perdita di sangue
- Tosse
- Disidratazione
- Diarrea
- Infiammazione dell'intestino crasso
- Perdita di peso

Se un cane riposa nel terreno con larve di anchilostoma, il parassita può penetrare attraverso la pelle del cane. I veterinari condurranno un test diagnostico per determinare se il tuo cane ha questo parassita. Se il tuo cane ha anchilostomi, il tuo veterinario prescriverà un vermifugo. Dovresti consultare un medico anche tu perché anche gli umani possono contrarre gli anchilostomi.

Gli ascaridi sono un po' come le pulci in quanto sono molto comuni, e a un certo punto della loro vita, la maggior parte dei cani deve essere trattata per essi. Essi mangiano principalmente il cibo digerito nello stomaco del tuo cane, ottenendo i nutrienti di cui il tuo cane ha bisogno. È possibile che le larve rimangano nel tuo cane anche dopo che tutti i vermi adulti sono stati eliminati. Le madri possono trasmettere queste larve ai loro cuccioli. Questo significa che se hai una femmina di Shiba Inu incinta, dovrai far controllare periodicamente i suoi cuccioli per assicurarti che le larve inattive non vengano trasmesse ai cuccioli. Anche la madre dovrà sottoporsi allo stesso test per assicurarsi che non la facciano ammalare. Oltre ai sintomi elencati sopra, il tuo Shiba Inu potrebbe sembrare avere una pancia gonfia. Potresti anche vedere i vermi negli escrementi o nel vomito del tuo cane.

Le tenie vengono solitamente mangiate quando sono uova, di solito trasportate da pulci o dalle feci di altri animali che hanno tenie. Si sviluppano nell'intestino tenue del cane fino a diventare adulte. Nel tempo,

Photo Courtesy Of
Sophie Riggs

parti della tenia si staccheranno e diventeranno evidenti nei rifiuti del tuo cane, che devono essere puliti con attenzione per evitare che altri animali contraggano tenie. Sebbene le tenie tipicamente non siano fatali, possono causare perdita di peso dando al tuo cane una pancia gonfia (a seconda di quanto grandi diventano i vermi nell'intestino del tuo cane).

Il tuo veterinario può testare il tuo cane per vedere se ha tenie, e prescriverà un farmaco che puoi dare al tuo cane, inclusi masticabili, compresse o un farmaco che puoi cospargere sul cibo del tuo cane. C'è un basso rischio che gli umani contraggano tenie, con i bambini a maggior rischio a causa della probabilità che giochino in aree dove ci sono rifiuti di cane e poi non si lavino le mani abbastanza accuratamente dopo. È possibile contrarre tenie se una persona inghiotte una pulce, il che è possibile se il tuo cane e la tua casa hanno un'infestazione grave.

I tricocefali crescono nell'intestino crasso, e in gran numero possono essere fatali. Il loro nome è indicativo del loro aspetto, con le loro code che appaiono più sottili della sezione superiore. Come gli altri vermi, dovrai far testare il tuo cane per determinare se sembra essere malato.

Mantenere i trattamenti antipulci, assicurarsi che le persone raccolgano dietro i loro animali domestici, e controllare per assicurarsi che il tuo Shiba Inu non mangi spazzatura o rifiuti animali sono le migliori misure preventive per mantenere il tuo cane al sicuro dal contrarre questi parassiti.

Se il tuo cane ha anchilostomi o ascaridi, questi possono essere trasmessi a te dal tuo cane attraverso il contatto con la pelle. Essere trattati contemporaneamente al tuo Shiba Inu può aiutare a fermare il ciclo vizioso di scambiarsi continuamente i vermi.

Misure preventive contro tutti questi vermi possono essere incluse con il farmaco preventivo per la filaria. Parla con il tuo veterinario delle diverse opzioni per evitare che il tuo animale domestico soffra di questi problemi di salute.

Vaccinare il tuo Shiba Inu

I programmi di vaccinazione sono quasi universali per tutte le razze di cani, incluso lo Shiba Inu. Il seguente elenco può aiutarti a garantire che il tuo Shiba Inu riceva le vaccinazioni necessarie secondo il programma. Assicurati di aggiungere questo al tuo calendario. Come promemoria, nessuna vaccinazione dovrebbe essere somministrata durante la prima visita dal veterinario. Il tuo nuovo cane ha già abbastanza stress con tutti i cambiamenti nella sua vita senza aggiungere malattie. Se il tuo cucciolo deve ricevere altre vaccinazioni poco dopo essere arrivato a casa tua, quella visita dovrebbe essere programmata separatamente, una volta che il tuo cucciolo si sente più a suo agio nella tua casa.

La seguente tabella fornisce dettagli su quali vaccinazioni dovrebbero essere somministrate e quando.

Sequenza			
6-8 settimane	Bordetella	Leptospira	DHPP – Prima vaccinazione
	Lyme	Virus dell'influenza H3N8	Virus dell'influenza H3N2
10-12 settimane	Leptospira	DHPP – Seconda dose	Rabbia
	Lyme	Virus dell'influenza-H3N8	Virus dell'influenza-H3N2
14 a 16 settimane	DHPP – Terzo richiamo		
Annualmente	Leptospira	Bordetella	Rabbia
	Lyme	Virus dell'influenza-H3N8	Virus dell'influenza-H3N2
Ogni 3 anni	Richiamo DHPP	Rabbia (se hai scelto la vaccinazione a lunga durata)	

Queste vaccinazioni proteggono il tuo cane da una serie di malattie. Tieni presente che dovrai rendere le vaccinazioni una parte annuale delle visite dal veterinario del tuo cane in modo da poter continuare a mantenere il tuo cucciolo al sicuro. Se desideri saperne di più sulle malattie da cui queste vaccinazioni proteggono il tuo cane, consulta il Canine Journal. Forniscono dettagli sulle malattie e altre informazioni che possono aiutarti a capire perché è così importante mantenere aggiornate le vaccinazioni.

Alternative olistiche

Voler tenere un cane lontano da molta esposizione a trattamenti chimici ha senso, e ci sono molte buone ragioni per cui le persone si stanno spostando verso metodi più olistici. Tuttavia, fare questo richiede molta più ricerca e monitoraggio per garantire che i metodi funzionino – e, cosa più importante, non danneggino il tuo cane. Medicine olistiche non verificate possono essere uno spreco di denaro, o peggio, possono persino essere dannose per il tuo animale domestico.

Se decidi di optare per farmaci olistici, parla con il tuo veterinario delle tue opzioni. Puoi anche cercare esperti di Shiba Inu per vedere cosa raccomandano prima di iniziare a usare qualsiasi metodo che ti interessa provare. Leggi cosa hanno detto gli scienziati sul farmaco che stai considerando. C'è la possibilità che i prodotti che acquisti in un negozio siano effettivamente migliori di alcuni farmaci olistici.

Assicurati di essere accurato nella tua ricerca e di non correre rischi inutili con la salute del tuo Shiba Inu.

CAPITOLO 17
Problemi di Salute Genetici Comuni nel Shiba Inu

«Gli Shiba possono avere rotule lasse (articolazioni del ginocchio), che causano zoppia negli arti posteriori, glaucoma, che può portare alla cecità, e displasia dell'anca. Gli allevatori seri sottopongono tutti i loro cani da riproduzione a test per queste anomalie, quindi scegli un allevatore coscienzioso e competente».

CJ Strehle
JADE Shiba Inu

Tutti i cani di razza pura hanno malattie genetiche, anche lo Shiba Inu. Nonostante ciò, considerando che esistono da millenni, sono una razza incredibilmente sana. Questo è in gran parte dovuto alla cautela degli allevatori quando hanno riportato la razza dal rischio di estinzione. Hanno anche imparato una lezione preziosa su come garantire al meglio che i cani nascano sani. I buoni allevatori offrono garanzie (Capitolo 3) per assicurare che i cuccioli possano essere restituiti se presentano uno dei problemi genetici noti della razza. Per soddisfare i requisiti di queste garanzie devi conoscere i problemi e i loro sintomi. Prima inizi a contrastare potenziali problemi, più sano sarà probabilmente il tuo Shiba Inu.

Gli allevatori dovrebbero essere in grado di fornire cartelle cliniche oltre ai libretti delle vaccinazioni e ai test richiesti. Assicurarsi che i genitori siano sani aumenta la probabilità che il tuo cucciolo rimanga in salute per tutta la vita. Tuttavia, esiste sempre la possibilità che il tuo cane presenti uno di questi problemi documentati anche se i genitori non li hanno, quindi dovrai comunque tenere d'occhio il tuo amico.

Come abbiamo già notato, il problema più comune per lo Shiba Inu sono le allergie. Il Capitolo 16 fornisce maggiori dettagli su cosa cercare nelle allergie. Questo capitolo si concentra specificamente su altri potenziali problemi ereditari.

*Foto di
Kristi Wiegraffe*

Displasia dell'Anca e del Gomito

La displasia dell'anca e del gomito è un problema comune nei cani, specialmente in quelli con una storia di lavoro. L'alimentazione del cane (Capitolo 13) durante la fase di cucciolo può aiutare a minimizzare i problemi quando diventa adulto. Entrambi i tipi di displasia sono il risultato di malformazioni nelle articolazioni dell'anca e della gamba che spesso portano all'artrite poiché l'accoppiamento improprio danneggia la cartilagine. La condizione è rilevabile quando un cane diventa adulto, utilizzando i raggi X.

La displasia è un problema che il tuo Shiba Inu potrebbe cercare di nascondere perché non vorrà rallentare. Il tuo cane adulto camminerà in modo un po' più rigido, o potrebbe ansimare anche quando non fa caldo. La condizione di solito diventa più evidente quando un cane si avvicina all'età anziana, simile a come le persone anziane tendono a cambiare la loro andatura per adattarsi al dolore. Alzarsi può diventare più difficile con l'avanzare dell'età del cane.

Sebbene la chirurgia sia un'opzione nei casi gravi, la maggior parte dei cani può beneficiare di trattamenti meno invasivi:

- Farmaci antinfiammatori – parla con il tuo veterinario (i cani non dovrebbero assumere dosi elevate di farmaci antinfiammatori quotidianamente poiché questi possono danneggiare i reni)

- Riduci la quantità di esercizio ad alto impatto che il tuo cane fa, specialmente su pavimenti in legno, piastrelle, cemento o altre superfici dure (puoi passare ad attività che lo mantengano attivo senza i movimenti bruschi della camminata e della corsa su superfici dure).

- Modificatori del liquido articolare ingeribili, come snack al glucosamina

- Fisioterapia (come l'idroterapia dove il tuo cane cammina su un tapis roulant mentre è in acqua), che dovrai discutere con il tuo veterinario

- Perdita di peso (per cani in sovrappeso o obesi)

Lussazione della Rotula

Lo Shiba Inu può soffrire di lussazione della rotula, chiamata anche rotule mobili. Quando le rotule non sono adeguatamente inserite nelle loro sedi, le zampe posteriori possono avere alcuni problemi minori. Nella maggior parte dei casi, la lussazione della rotula non è un problema grave e non è nota per causare molto dolore. Tuttavia, occasionalmente

Foto di
Inger Lise Fløtten

richiederà un intervento chirurgico per correggere lo spostamento ripetuto della rotula.

Se il tuo Shiba Inu occasionalmente sembra provare dolore quando cammina o guaisce quando corre, questo potrebbe essere un segno della condizione. Tendono a sollevare la zampa interessata per un breve periodo di tempo cercando di alleviare il dolore. Può essere difficile da rilevare a meno che un cane non abbia un caso più grave, in particolare con l'avanzare dell'età.

Problemi agli Occhi

«Il glaucoma è un problema molto serio e doloroso; sfortunatamente di solito è una malattia a insorgenza tardiva e non si manifesta fino agli 8 anni o più».

Susan Norris-Jones
SunJo Shiba Inu & Japanese Chin

Gli occhi a mandorla, marroni dello Shiba Inu riflettono la loro intensa intelligenza e il modo in cui analizzano il mondo che li circonda, ma

Foto di
Brooke Steinbach

quei bellissimi occhi hanno anche diversi problemi ereditari. Fortunatamente, di solito non sono gravi.

Entropion

L'entropion si verifica quando le palpebre del cane si arrotolano verso l'interno, danneggiando la cornea poiché le ciglia la graffiano. L'intervento chirurgico correttivo che risolve questo problema può causare un altro disturbo oculare, l'ectropion. Questo si verifica quando la palpebra inferiore si abbassa in modo che si possa vedere il tessuto rosa morbido sotto l'occhio. Sebbene l'ectropion non sia un problema grave – i bassotti ci convivono come parte naturale della loro struttura facciale – aumenta la probabilità di infezioni oculari.

Microftalmia

Questo non è un problema comune, ma occasionalmente alcuni cuccioli nascono con occhi piccoli, chiamata microftalmia. Nella maggior parte dei casi questi cani sono ciechi, ed è improbabile che un allevatore rispettabile dia in adozione questi cuccioli.

Infezioni Fungine alle Orecchie

Le orecchie dei cani possono creare un ambiente buio e caldo dove funghi, lieviti e batteri prosperano. Le allergie possono essere un fattore scatenante importante, ma tutti i cani sono a rischio per questi tipi di infezioni. Ecco perché è assolutamente essenziale che tu non lasci che le orecchie del tuo cane si bagnino durante il bagno, e devi monitorare la salute delle sue orecchie. Fai attenzione ai seguenti problemi nelle orecchie del tuo cane:

- Secrezioni colorate (in particolare marroni o sanguinolente)
- Gonfiore e arrossamento
- Formazione di croste sulla pelle del padiglione auricolare
- Grattarsi l'orecchio o scuotere frequentemente la testa
- Perdita dell'udito o dell'equilibrio
- Camminare in cerchio (oltre al normale comportamento per le ispezioni in bagno o per sistemarsi prima di sdraiarsi)

Se noti uno qualsiasi di questi sintomi, porta il tuo cane dal veterinario, anche se i sintomi sembrano lievi. Ci sono diversi trattamenti disponibili, a seconda della gravità della condizione. Di solito viene consigliata

*Foto di
Reagan Smith*

una crema antimicotica, ma problemi più seri (come un'infezione nell'orecchio medio) potrebbero richiedere iniezioni o interventi chirurgici.

Se il tuo cane soffre di infezioni fungine croniche alle orecchie, il tuo veterinario probabilmente consiglierà un detergente per le orecchie progettato per prevenire il problema o una soluzione che manterrà l'area asciutta.

Errori Comuni dei Proprietari

Oltre ai problemi genetici, ci sono cose che puoi fare che potrebbero danneggiare la salute del tuo cane relative alla dieta e ai livelli di esercizio. Nei primi giorni, è difficile trovare un equilibrio poiché il tuo cucciolo è esuberante e vivace. Anche quando è un cane completamente cresciuto, devi assicurarti di ridurre al minimo lo stress sulla struttura del tuo Shiba Inu. La gestione del peso è un modo importante per mantenere il tuo cane in salute. Devi assicurarti che il tuo cane riceva la giusta nutrizione per il suo livello di attività per evitare un maggiore rischio di aggravare la displasia dell'anca e del gomito.

Non notare i primi segni di potenziali problemi può essere dannoso, persino fatale. Se in qualsiasi momento noti strani cambiamenti nel comportamento del tuo cane, portalo dal veterinario. Essendo una razza abbastanza sana, un comportamento strano in uno Shiba Inu è probabilmente un segno di qualcosa che dovrebbe essere controllato.

Prevenzione e Monitoraggio

La recente tendenza degli Shiba Inu in sovrappeso "carini" ha richiamato l'attenzione sui potenziali rischi per la salute che questo tipo di tendenza può causare. Questa è una razza che è già carina di suo, quindi non dovresti sacrificare la salute del tuo cane in nome della tenerezza. Invece, dedica più tempo ad addestrare il tuo cane a fare qualcosa di carino. Questo è sia più sano che più divertente.

Monitorare il peso del tuo Shiba Inu è importante almeno una volta ogni trimestre o due volte all'anno. Essendo la displasia dell'anca e del gomito un vero problema genetico, il peso aggiuntivo non farà che peggiorare le cose. Il tuo veterinario probabilmente ti parlerà se il tuo cane è in sovrappeso perché questo non solo mette a dura prova le zampe, le articolazioni e i muscoli del cane, ma può anche avere effetti negativi sul cuore, sul flusso sanguigno e sul sistema respiratorio. Assicurati di parlare con il tuo veterinario se noti che il tuo Shiba Inu ha qualche problema. Quelle visite regolari dal veterinario possono aiutarti ad affrontare problemi che potresti non considerare così importanti. A volte i sintomi che noti sono un segno di un problema futuro.

CAPITOLO 18
Lo Shiba Inu anziano

La maggior parte degli Shiba Inu vive tra i 12 e i 15 anni, quindi probabilmente avrai un buon numero di anni meravigliosi con il tuo piccolo cucciolo indipendente. Ci sono stati persino casi in cui Shiba Inu ben curati hanno vissuto oltre 2 decenni – attualmente uno Shiba Inu detiene il record del cane più longevo (raggiungendo i 26 anni di età). Sebbene questa sia una durata molto più lunga della norma, dimostra che con le cure adeguate, il tuo Shiba Inu può vivere una vita lunga e felice.

Ad un certo punto noterai che il tuo Shiba Inu sta rallentando, e questo è un segno che il tuo piccolo amico sta iniziando a sentire l'età nelle sue ossa. Questo di solito accade intorno ai 9 o 10 anni. Un cane può rimanere in salute per tutta la vita, ma il suo corpo non sarà più in grado di svolgere le stesse attività quando gli anni iniziano a farsi sentire. I cambiamenti necessari con l'invecchiamento del tuo cane dipenderanno dalle esigenze specifiche del tuo Shiba Inu. I primi segnali sono solitamente un'andatura un po' più rigida o quando inizia ad ansimare più pesantemente all'inizio della passeggiata o della corsa. Se noti questi segni, inizia a ridurre le corse, o smetti di correre e fai semplicemente passeggiate più energiche. È probabile che il tuo Shiba Inu vorrà continuare ad essere attivo, il che significa che dovrai assicurarti che i livelli di attività non si interrompano, ma solo adattare i tipi di attività che fate insieme.

Il tuo programma dovrà cambiare man mano che il tuo cane rallenta. Fai attenzione a garantire che il tuo cucciolo non si sforzi troppo, poiché gli Shiba Inu potrebbero essere troppo concentrati sull'essere attivi per rendersi conto che si stanno facendo male e hanno bisogno di fermarsi per riposare. Essendo un cane incredibilmente indipendente, il tuo Shiba Inu non vorrà accettare che le cose stanno cambiando e che non potrà controllarle.

C'è un motivo per cui questi sono chiamati gli anni d'oro – puoi davvero goderteli con il tuo cane. Non devi più preoccuparti che distrugga le cose per noia o si ecciti troppo durante le passeggiate. Puoi goderti serate tranquille e weekend pacifici con qualche esercizio meno faticoso per spezzare la giornata. È facile rendere gli anni della vecchiaia incredibilmente piacevoli per il tuo Shiba Inu e per te stesso apportando i necessari adattamenti.

Sfide nella cura dell'anziano

Nella maggior parte dei casi, prendersi cura di un cane anziano è molto più semplice che occuparsi di un cane più giovane, e gli Shiba Inu non fanno eccezione.

Gli accorgimenti che dovresti adottare per il tuo Shiba Inu anziano includono:

- Posiziona ciotole d'acqua in diversi punti della casa in modo che il tuo cane possa raggiungerle facilmente quando ne ha bisogno.

- Copri le superfici dure del pavimento (come piastrelle, parquet e vinile). Usa tappeti o moquette antiscivolo.

- Aggiungi cuscini e lettini più morbidi per il tuo Shiba Inu. Questo renderà la superficie più confortevole. Esistono scaldini per cucce se il tuo Shiba Inu mostra spesso articolazioni o muscoli doloranti. Naturalmente, devi anche assicurarti che non abbia troppo caldo, quindi può essere un delicato equilibrio da mantenere.

- Per migliorare la sua circolazione, aumenta la frequenza con cui spazzoli il tuo Shiba Inu.

- Rimani in casa in caso di caldo o freddo estremi. Il tuo Shiba Inu è resistente, ma un cane anziano non può gestire i cambiamenti estremi così bene come faceva una volta.

- Usa scale o rampe per il tuo Shiba Inu ovunque possibile, in modo che il vecchio cucciolo non debba cercare di saltare.

- Evita di spostare i mobili, soprattutto se il tuo Shiba Inu mostra segni di problemi alla vista o ha demenza. Una casa familiare è più confortevole e meno stressante man mano che il tuo animale invecchia. Se il tuo Shiba Inu non riesce a vedere chiaramente come una volta, mantenere la casa familiare gli renderà più facile muoversi senza farsi male.

- Se hai scale, considera la possibilità di creare un'area dove il tuo cane possa stare senza doverle salire e scendere troppo spesso.

- Crea uno spazio dove il tuo Shiba Inu possa rilassarsi con meno distrazioni e rumori. Non far sentire isolato il tuo vecchio amico, ma dagli un posto dove potersi allontanare da tutti se ha bisogno di stare da solo.

- Sii pronto a far uscire il tuo cane più spesso per le pause bagno.

Disturbi fisici comuni legati all'invecchiamento

I capitoli precedenti trattano le malattie che sono comuni o probabili in uno Shiba Inu, ma la vecchiaia tende a portare una serie di disturbi che non sono particolari di una razza specifica. Ecco le cose a cui dovrai prestare attenzione (oltre a parlarne con il tuo veterinario).

- L'artrite è probabilmente il disturbo più comune in qualsiasi razza di cane, e lo Shiba Inu non fa eccezione. Se il tuo cane mostra segni di rigidità e dolore dopo le normali attività, parla con il tuo veterinario sui modi sicuri per aiutare a minimizzare il dolore e il disagio di questo comune disturbo articolare.

Foto di Miriam Jamison

- La malattia gengivale è un problema comune anche nei cani anziani, e dovresti essere altrettanto vigile nello spazzolare i suoi denti quando il tuo cane invecchia come in qualsiasi altra età. Un controllo regolare dei denti e delle gengive del tuo Shiba Inu può aiutare a garantire che questo non diventi un problema.

- La perdita della vista o cecità è abbastanza comune nei cani anziani, proprio come negli esseri umani. Fai controllare la vista del tuo cane almeno una volta all'anno e più spesso se è evidente che la sua vista sta peggiorando.

- La malattia renale è un problema comune nei cani anziani, e uno che dovresti monitorare man mano che il tuo Shiba Inu invecchia. Se il tuo cane beve più spesso e ha incidenti regolarmente, porta il tuo Shiba Inu dal veterinario il prima possibile e fagli controllare la malattia renale.

- Il diabete è probabilmente la preoccupazione maggiore per una razza che ama mangiare tanto quanto il tuo Shiba Inu, anche con 2 ore di esercizio quotidiano per la maggior parte della vita adulta del cane. Sebbene il diabete sia solitamente considerato una condizione genetica, qualsiasi Shiba Inu può diventare diabetico se non alimentato e fatto esercitare correttamente. Questo è un altro motivo per cui è così importante fare attenzione alla dieta e ai livelli di esercizio del tuo Shiba Inu.

Scalini, rampe e sedie a rotelle

Non dovresti sollevare il tuo Shiba Inu per portarlo su per le scale o metterlo in auto – vuole ancora essere indipendente, oltre al fatto che potresti potenzialmente causare danni quando lo sollevi. Scalini e rampe sono il modo migliore per garantire in sicurezza che il tuo Shiba Inu possa mantenere un certo livello di autosufficienza mentre invecchia. Inoltre, l'uso di scalini e rampe fornisce un po' di esercizio extra.

Visite veterinarie

Man mano che il tuo Shiba Inu invecchia, noterai il rallentamento, e il dolore nel corpo del tuo Shiba Inu sarà evidente, proprio come lo è in una persona anziana. Assicurati di avere visite regolari con il tuo veterinario per garantire che non stai facendo nulla che potrebbe potenzialmente danneggiare il tuo Shiba Inu. Se il tuo Shiba Inu ha un disturbo o una condizione debilitante, potresti voler discutere le opzioni per garantirgli una migliore qualità di vita, come le ruote se le gambe del tuo Shiba Inu iniziano ad avere seri problemi.

Foto di
Ryan N Rodriguez

L'importanza delle visite veterinarie regolari e cosa aspettarsi

Proprio come gli esseri umani vanno dal medico più spesso con l'avanzare dell'età, dovrai portare il tuo cane dal veterinario con maggiore frequenza. Il veterinario può assicurarsi che il tuo Shiba Inu rimanga attivo senza esagerare, e che non ci sia stress inutile sul tuo cane anziano. Se il tuo cane ha subito un infortunio e te l'ha nascosto, è più probabile che il tuo veterinario lo rilevi.

Il tuo veterinario può anche fare raccomandazioni su attività e cambiamenti al tuo programma in base alle capacità fisiche del tuo Shiba Inu e a qualsiasi cambiamento nella personalità. Ad esempio, se il tuo Shiba Inu ansima di più ora, potrebbe essere un segno di dolore dovuto alla rigidità. Questo potrebbe essere difficile da distinguere dato quanto gli Shiba Inu ansimano di regola, ma se vedi altri segni di dolore, programma una visita dal veterinario. Il tuo veterinario può aiutarti a determinare il modo migliore per mantenere il tuo Shiba Inu felice e attivo durante gli anni successivi.

Di seguito sono riportati i tipi di cose da aspettarsi quando vai dal veterinario.

- Il tuo veterinario parlerà della storia del tuo cane, anche se hai fatto visite ogni anno. Questa conversazione è necessaria per vedere come sono andate le cose o se eventuali possibili problemi hanno iniziato a manifestarsi o sono peggiorati.

- Mentre chiacchierate, il tuo veterinario probabilmente condurrà un esame fisico completo per valutare la salute del tuo cane.

- A seconda dell'età del tuo cane e del tipo di salute in cui si trova, il tuo veterinario potrebbe voler eseguire diversi test. I seguenti sono alcuni dei test più comuni per i cani anziani.

  - Test per malattie trasmesse da artropodi, che comporta il prelievo di sangue e il test per infezioni virali

  - Screening chimico per la valutazione dei reni, del fegato e degli zuccheri

  - Emocromo completo

  - Flottazione fecale, che comporta la miscelazione delle feci del tuo cane con un liquido speciale per testare la presenza di vermi e altri parassiti

  - Test per la filariosi cardiopolmonare

- Analisi delle urine, che testa l'urina del tuo cane per controllare la salute dei reni e del sistema urinario

- Il controllo di benessere di routine che il veterinario ha condotto sul tuo cane per anni

- Qualsiasi test specifico per la razza per il tuo Shiba Inu che invecchia

Cambiamenti a cui prestare attenzione

Tieni d'occhio i diversi segni che indicano che il tuo cane sta rallentando. Questo ti aiuterà a sapere quando adattare la disposizione intorno alla tua casa e ridurre quanto il tuo vecchio cucciolo si sta esercitando.

Appetito e requisiti nutrizionali

Con meno esercizio, il tuo cane non ha bisogno di tante calorie, il che significa che devi adattare la dieta del tuo cucciolo. Se scegli di alimentare il tuo Shiba Inu con cibo commerciale per cani, assicurati di passare a un cibo per anziani. Il cibo per anziani è progettato per le mutevoli esigenze dietetiche dei cani più anziani, con meno calorie e più nutrienti di cui il corpo del cane anziano ha bisogno.

Se prepari tu il cibo per il tuo Shiba Inu, parla con il tuo veterinario e prenditi il tempo per ricercare il modo migliore per ridurre le calorie senza sacrificare il gusto. Il tuo cane avrà bisogno di meno grassi nel suo cibo, quindi potresti dover trovare qualcosa di più sano che abbia ancora molto sapore per integrare i tipi di alimenti che hai dato al tuo Shiba Inu da cucciolo o da cane adulto attivo.

Esercizio

Poiché gli Shiba Inu sono così socievoli, saranno altrettanto felici con attenzioni extra da parte tua come lo erano con l'esercizio quando erano più giovani. Se fai meno richieste, diminuisci il numero di passeggiate o in qualche modo cambi la routine, il tuo Shiba Inu si adatterà rapidamente al nuovo programma. Dovrai apportare queste modifiche in base alle capacità del tuo cane, quindi sta a te adattare il programma e mantenere il tuo Shiba Inu felicemente attivo. Passeggiate più brevi e più frequenti dovrebbero soddisfare le esigenze di esercizio del tuo Shiba Inu, oltre ad aiutare a spezzare un po' di più la tua giornata.

Il tuo cane apprezzerà il pisolino tanto quanto la passeggiata, specialmente se può accoccolarsi con te. Dormire accanto a te mentre guardi la televisione o mentre tu stesso fai un pisolino è praticamente tutto ciò che serve per rendere contento il tuo Shiba Inu più anziano, ma ha comunque bisogno di fare esercizio.

Il modo in cui il tuo Shiba Inu rallenta sarà probabilmente la parte più difficile nel guardarlo invecchiare. Potresti notare che il tuo Shiba Inu trascorre più tempo ad annusare durante le passeggiate, il che potrebbe essere un segno che il tuo cane si sta stancando. Potrebbe anche essere il suo modo di riconoscere che le lunghe passeggiate costanti sono una cosa del passato e quindi si ferma per godersi di più le piccole cose. Fermarsi ad annusare le cose potrebbe ora dargli l'eccitazione che era solito ottenere camminando più lontano.

Sebbene dovresti osservare se il tuo cane si stanca, potrebbe anche fartelo sapere lui stesso. Se cammina più lentamente, ti guarda e si lascia cadere, potrebbe essere il suo modo di farti sapere che è ora di tornare a casa. Se il tuo cane non riesce a gestire lunghe passeggiate, rendi le passeggiate più brevi e più numerose e trascorri più tempo a giocare nel tuo giardino o in casa con il tuo amico.

Invecchiamento e i sensi

Proprio come le persone, i sensi dei cani si indeboliscono con l'età. Non sentiranno le cose così bene come una volta; non vedranno le cose così chiaramente; e il loro senso dell'olfatto si indebolirà.

I seguenti sono alcuni dei segni che il tuo cane sta perdendo almeno uno dei suoi sensi.

- Diventa facile sorprendere o spaventare il tuo cane. Devi fare attenzione perché questo può rendere il tuo Shiba Inu aggressivo, una prospettiva spaventosa anche in età avanzata. NON avvicinarti di soppiatto al tuo vecchio cane poiché questo può essere negativo per entrambi, e lui merita di meglio che essere spaventato.

- Il tuo cane potrebbe sembrare ignorarti perché è meno reattivo quando dai un comando. Se non hai avuto problemi prima, il tuo cane non sta facendo il testardo, probabilmente sta perdendo l'udito.

- Occhi opachi possono essere un segno di perdita della vista, anche se non significa che il tuo cane sia cieco.

Se il tuo cane sembra "comportarsi male", è un segno che sta invecchiando, non che non gli importi o voglia ribellarsi. Non punire il tuo cane anziano.

Adatta il tuo programma per soddisfare le mutevoli capacità del tuo cane. Regola l'altezza della ciotola dell'acqua, evita di riorganizzare le stanze e accarezza il tuo cane più spesso. Probabilmente è nervoso per la perdita delle sue capacità, quindi sta a te confortarlo.

Mantenere il tuo cane anziano mentalmente attivo

Solo perché il tuo Shiba Inu non può camminare così lontano non significa che il suo cervello non sia altrettanto concentrato e capace. In effetti, i cambiamenti nel suo corpo saranno probabilmente frustranti per lui, quindi assicurati che abbia molte altre cose per mantenerlo attivo e felice. Mentre rallenta fisicamente, concentrati di più su attività che sono mentalmente stimolanti. Finché il tuo Shiba Inu ha appreso tutte le basi, puoi insegnargli ogni tipo di trucco a basso impatto. A questo punto, l'addestramento potrebbe essere più facile perché il tuo Shiba Inu ha imparato a concentrarsi meglio e sarà felice di avere qualcosa che può ancora fare con te. Quella vena indipendente sarà ancora presente, quindi dai al tuo cane delle opzioni in modo che possa scegliere cosa vuole fare.

Nuovi giocattoli sono un altro ottimo modo per aiutare a mantenere attiva la mente del tuo cane. Fai attenzione che i giocattoli non siano troppo duri per la mascella e i denti più anziani del tuo cane. Il tira e molla potrebbe essere un gioco del passato (non vuoi danneggiare i denti vecchi), ma altri giochi come nascondino saranno ancora molto apprezzati. Che tu nasconda giocattoli o te stesso, questo può essere un gioco che tiene il tuo Shiba Inu sulle spine. Ci sono anche palle per il cibo, puzzle e altri giochi che si concentrano sulle capacità cognitive. Questo è anche un cane che ama i puzzle, il che rende gli anni d'oro un momento per iniziare a trovare modi per sfidare il tuo cane – un ottimo allenamento mentale per entrambi.

Alcuni cani anziani soffrono di sindrome da disfunzione cognitiva (CCD), un tipo di demenza. Si stima che l'85% di tutti i casi di demenza nei cani non venga diagnosticato a causa di quanto sia difficile individuare il problema. Si manifesta più come un problema di temperamento.

Se il tuo cane inizia a comportarsi in modo diverso, dovresti portarlo dal veterinario per vedere se ha la CCD. Sebbene non ci sia davvero alcun trattamento per questo, il tuo veterinario può raccomandare cose che puoi fare per aiutare il tuo cane. Cose come riorganizzare le stanze della tua casa sono fortemente sconsigliate poiché la familiarità con l'ambiente circostante aiuterà il tuo cane a sentirsi più a suo agio e ridurrà lo stress mentre perde le sue capacità cognitive. La stimolazione mentale aiuterà a combattere la CCD, ma dovresti pianificare di mantenere il tuo cane mentalmente stimolato indipendentemente dal fatto che mostri o meno sintomi di demenza.

Vantaggi degli anni della vecchiaia

Gli ultimi anni della vita del tuo Shiba Inu possono essere altrettanto piacevoli (se non di più) rispetto alle fasi precedenti poiché il tuo cane si è ammorbidito. Tutte quelle attività ad alta energia lasceranno il posto a coccole e relax. Avere il tuo cucciolo che semplicemente gode della tua compagnia può essere incredibilmente bello (ricorda solo di mantenere i suoi livelli di attività invece di diventare troppo compiacente con il nuovo amore del tuo Shiba Inu per il riposo e il relax).

Il tuo Shiba Inu continuerà ad essere un compagno amorevole, interagendo con te ad ogni opportunità – questo non cambia con l'età. Le limitazioni del tuo cane dovrebbero dettare interazioni e attività. Se sei occupato, assicurati di programmare del tempo con il tuo Shiba Inu per fare cose che rientrano in quelle limitazioni. È altrettanto facile rendere felice uno Shiba Inu più anziano quanto lo è con uno giovane, ed è più facile per te poiché rilassarsi è più essenziale per il tuo vecchio amico.

Prepararsi a dire addio

Questo è qualcosa a cui nessun proprietario di animali domestici vuole pensare, ma mentre guardi il tuo Shiba Inu rallentare, saprai che il tuo tempo con il tuo dolce cucciolo sta giungendo al termine. La maggior parte dei cani da lavoro tende a peggiorare improvvisamente, rendendo molto ovvio quando è necessario iniziare a prendersi cura extra dei loro corpi che invecchiano. Hanno problemi su superfici più lisce o non riescono a camminare così lontano come una volta. È certamente triste, ma quando inizia a succedere, sai che devi iniziare a prepararti a dire addio.

Alcuni cani possono continuare a vivere per anni dopo che iniziano a rallentare, ma la maggior parte dei cani da lavoro non dura più di circa un anno o due. A volte i cani perderanno il loro interesse per il cibo, avranno un ictus o altro problema che sorge con poco preavviso. Alla fine, sarà il momento di dire addio, sia a casa che dal veterinario. Devi essere preparato, ed è esattamente per questo che dovresti sfruttare al massimo questi ultimi anni.

Parla con la tua famiglia di come ti prenderai cura del tuo cane negli ultimi anni o mesi della sua vita. Molti cani saranno perfettamente felici, nonostante le loro capacità limitate. Alcuni potrebbero iniziare ad avere problemi a controllare i loro movimenti intestinali, mentre altri potrebbero avere problemi ad alzarsi da una posizione prona. Ci sono soluzioni per tutti questi problemi. È fondamentale ricordare che la qualità della vita dovrebbe essere la considerazione primaria, e poiché il tuo cane

*Foto di
Miriam Jamison*

non può dirti come si sente, dovrai prendere spunto da lui. Se il tuo cane sembra ancora felice, non c'è motivo di sottoporlo all'eutanasia.

In questa fase, il tuo cane è probabilmente molto felice di dormire vicino a te per 18 ore al giorno. Va perfettamente bene finché è ancora entusiasta di camminare, mangiare ed essere accarezzato. Lo scopo dell'eutanasia è ridurre la sofferenza, non rendere le cose più convenienti per te stesso. Questo è ciò che rende la decisione così difficile, ma il comportamento del tuo cane dovrebbe essere un indicatore abbastanza buono di come si sente. Ecco alcune altre cose da osservare per aiutarti a valutare la qualità della vita del tuo cane:

- Appetito
- Bere
- Urinare e defecazione
- Dolore (notato da un eccessivo ansimare)
- Livelli di stress
- Desiderio di essere attivo o con la famiglia (se il tuo cane vuole stare da solo la maggior parte del tempo, questo è di solito un segno che sta cercando di essere solo per la fine)

Parla con il tuo veterinario se il tuo cane ha una malattia grave per determinare quale sia il percorso migliore da seguire. Può fornire le migliori informazioni sulla qualità della vita del tuo cane e su quanto a lungo il tuo cane è probabile che viva con la malattia o il disturbo.

Se il tuo cane arriva al punto in cui sai che non è più felice, non può muoversi o ha una malattia fatale, è probabilmente il momento di dire addio. Questa è una decisione che dovrebbe essere presa come famiglia, mettendo sempre al primo posto le esigenze e la qualità della vita del cane. Se decidi che è il momento di dire addio, determina chi sarà presente alla fine.

Una volta nello studio del veterinario, se hai deciso di sottoporre il cane all'eutanasia, puoi rendere gli ultimi minuti molto felici nutrendolo con le cose che non poteva mangiare prima. Cose come cioccolato e uva possono mettere un sorriso sul suo viso per il tempo rimanente che ha.

Puoi anche far sottoporre il tuo cane all'eutanasia a casa. Se decidi di richiedere a un veterinario di venire a casa tua, preparati a costi aggiuntivi per la visita a domicilio. Devi anche determinare dove vuoi che sia il tuo cane, se dentro o fuori, e in quale stanza se decidi di farlo dentro.

Assicurati che almeno una persona che conosce bene sia presente in modo che il tuo cane non sia solo durante gli ultimi minuti della sua vita. Non vuoi che il tuo cane muoia circondato da estranei. La procedura è abbastanza pacifica, ma il tuo cane sarà probabilmente un po' stressato. Morirà entro pochi minuti dall'iniezione. Continua a parlargli poiché il suo cervello continuerà a funzionare anche dopo che i suoi occhi si chiuderanno.

Una volta che il tuo cane se n'è andato, devi determinare cosa fare con il corpo.

- La cremazione è uno dei modi più comuni per prendersi cura del corpo. Puoi ottenere un'urna o richiedere un contenitore per spargere le ceneri del tuo cane nei suoi luoghi preferiti. Assicurati di non gettare le sue ceneri in luoghi dove ciò non è consentito. La cremazione privata è più costosa della cremazione comune, ma significa che le uniche ceneri che ottieni sono quelle del tuo cane. La cremazione comune avviene quando diversi animali domestici vengono cremati insieme.

- La sepoltura è il metodo più semplice se fai sottoporre il tuo animale all'eutanasia a casa, ma devi controllare le normative locali per assicurarti di poter seppellire il tuo cane a casa perché questo è illegale in alcuni luoghi. Devi anche considerare il terreno. Se il tuo giardino è roccioso o sabbioso, questo creerà problemi nel tentativo di seppellire il tuo animale domestico a casa. Inoltre, non seppellire il tuo animale domestico nel tuo giardino se è vicino a pozzi che le persone usano come fonte di acqua potabile, o se è vicino a zone umide o corsi d'acqua. Il corpo del tuo cane può contaminare l'acqua mentre si decompone. Puoi anche cercare un cimitero per animali domestici se ce n'è uno nella tua zona.

Lutto e guarigione

I cani diventano membri delle nostre famiglie, quindi la loro scomparsa può essere incredibilmente difficile. Le persone attraversano tutte le stesse emozioni e sentimenti di perdita con un cane come fanno con amici stretti e familiari. L'assenza di quella presenza nella tua vita è sconcertante, specialmente con un cane così amorevole e leale come lo Shiba Inu. La tua casa è un costante promemoria della perdita, e all'inizio tu e la tua famiglia probabilmente proverete un notevole dolore. Dire addio sarà difficile. Prendersi un paio di giorni di riposo dal lavoro non è una cattiva idea. Mentre le persone che non hanno cani diranno che il tuo Shiba Inu era solo un cane, tu sai che non è così, ed è normale sentire il dolore e soffrire come faresti per qualsiasi persona cara perduta.

Perdere il tuo Shiba Inu comporterà anche un cambiamento sostanziale nel tuo programma. Ci vorrà probabilmente del tempo per abituarsi al modo in cui il tuo programma è cambiato. Combatti l'impulso di uscire e prendere un nuovo cane perché quasi certamente non sei ancora pronto.

Ognuno elabora il lutto in modo diverso, quindi dovrai permetterti di soffrire in un modo che sia sano per te. Anche tutti nella tua famiglia sentiranno la perdita in modo diverso, quindi lascia che la sentano a modo loro. Alcune persone non richiedono molto tempo, mentre altre possono sentire la perdita per mesi. Non c'è una tabella di marcia, quindi non puoi cercare di imporla a te stesso o a qualsiasi membro della tua famiglia.

Parla di come vorresti ricordare il tuo cucciolo, e assicurati di ascoltare. Puoi organizzare un memoriale per il tuo animale domestico perduto, raccontare storie e piantare un albero in memoria del tuo cane. Se qualcuno non vuole partecipare, va bene.

Cerca di tornare alla tua routine normale il più possibile se hai altri animali domestici. Questo può essere sia doloroso che utile poiché i tuoi altri animali domestici avranno ancora bisogno di te tanto quanto prima (specialmente altri cani che hanno anche perso il loro compagno).

Se scopri che il dolore sta ostacolando la tua capacità di funzionare normalmente, cerca aiuto professionale. Se necessario, puoi trovare su internet gruppi di supporto nella tua zona per aiutare te e la tua famiglia, specialmente se questo era il tuo primo cane. A volte aiuta parlare della perdita in modo da poter iniziare a guarire.